John G. Bennett

Die sieben Linien der spirituellen Arbeit

John G. Bennett

Die sieben Linien der spirituellen Arbeit

Von der harmonischen Entwicklung des Menschen

Aus dem Englischen von Bruno Martin

Chalice Verlag

Die Originalausgabe erschien
1975 bei Coombe Springs Press, Sherborne, Gloucestershire,
unter dem Titel *The Sevenfold Work*

Die deutsche Erstausgabe erschien
1982 im Verlag Bruno Martin, Salzhausen, Lüneburger Heide,
unter dem Titel *Harmonische Entwicklung*

Umschlagillustration und Frontispiz hinten:
Alois Alexander / iStock / marima-design / standret
Frontispiz vorne: Annette Green
Buchgestaltung: Robert Cathomas
Herstellung: BoD - Books on Demand, Norderstedt
Printed in Germany

ISBN 978-3-942914-16-1

Inhalt

Einleitung

ANTHONY G. E. BLAKE

DAS GROSSE WERK DER BEWUSSTEN MENSCHLICHEN EVOLUtion hat wahrscheinlich vor vierzigtausend Jahren begonnen. Es lässt sich in prähistorische Zeiten zurückverfolgen, als die übermenschliche Intelligenz eingriff und es möglich machte, dass das Leben auf der Erde Fuß fassen konnte. Aus welchen Gründen das Leben kam, können wir nur dunkel erahnen. Aber die Frage: »Warum sind wir hier?« müssen wir stellen, wenn wir uns nicht passiv dahintragen lassen wollen vom riesigen Strom der Aktivitäten, in denen der Mensch sich vom Tichtgebener nicht unterscheidet. Wir müssen diese Frage stellen, wenn wir verstehen wollen, welche Aufgabe wir haben. Denn das ist der Anfang eines Lebens, das uns in das Werk [oder in die Arbeit] bringen kann.

Das Werk ist nicht alles, und es mag etwas jenseits davon geben. Worauf es ankommt, ist, dass wir im Werk für uns etwas *Wirkliches* finden können. Was sich daraus eröffnet, hat keine Grenzen.

Viele Menschen suchen nach einem Zugang zum Werk. Sie mögen durch Religion dazu finden, durch den Wunsch zu helfen und zu dienen, oder einfach dadurch, dass etwas in ihnen erwacht, was ihnen im Strom der Ereignisse keine Ruhe lässt. Alle, die etwas Echtes in sich haben, finden bald heraus, dass es keine einfache Formel für das Werk gibt. Es kann nicht allein in einer einzigen Methode enthalten sein oder mit einer einzigen Kraft identifiziert werden. Die Suche, die mit dem »Warum bin ich hier?« beginnt, bleibt immer eine Suche, bei der die Entdeckungen von gestern nicht für morgen genügen.

Es gibt Menschen, die von Geburt an mit dem Wesen des Werks verbunden sind. Dies sind die Seltenen, die Quellen unserer Inspiration und Führung sind. Aber die Meisten sind einfach auf der Suche nach der Wirklichkeit und werden mit widersprüchlichen Behauptungen, unterschiedlichen Vorstellungen und verschiedenartigen Lehren konfrontiert. Für sie ist die Frage bedeutend: »*Wie* arbeite ich?« Da wir etwas tun müssen, müssen wir herausfinden, wie man es tut; ja, wir sollten herausfinden, was »tun« überhaupt bedeutet.

Dazu gibt es Hilfe. Wir haben unser eigenes Verstehen, wir haben Lehren und Lehrer, andere und weise Menschen, die uns Rat geben können. Wir haben innere Quellen, deren Weisheit die unseres gewöhnlichen Verständnisses bei Weitem übersteigt. Und es gibt Hilfe, die »von jenseits« kommt, falls wir sie empfangen können, wozu es nicht einmal unbedingt unseres Zutuns bedarf.

Angesichts der Vielfältigkeit der Welt und der Fülle dessen, was unter den Begriffen *Werk* oder *Arbeit* zusammengefasst werden kann, haben wir ein Verständnisproblem. Wir müssen unseren Weg durch all das hindurch finden. Wir benötigen eine gewisse Vorstellung davon, wie Arbeit möglich ist und was sie bedeutet. Wir müssen uns darüber klar sein, dass das Werk weit über menschliche Erwägungen von »richtig« oder »falsch«, »wahr« oder »unwahr«, »mein« oder »dein« hinausgeht. Es gibt unzählige Fallen, und die Suchenden können in Bezug auf die Arbeit genauso voreingenommen sein wie allen anderen Dingen gegenüber.

Die Anstrengung, das Werk zu verstehen, gehört aber auch zur Arbeit. Wir können es uns nicht leisten, »wie Esel« zu sein, wie Gurdjieff es formulierte.

Was in diesem Buch vorgestellt wird, ist eine Zusammenfassung von Vorträgen, die John G. Bennett 1974 vor Schülern im Sherborne House[1] gehalten hat. Die Vorträge wurden teilweise redaktionell bearbeitet, teilweise sind sie hier wörtlich widergegeben. Wir hoffen, dass der Geist erhalten geblieben ist – auch in der Übersetzung. Jeder, der dieses Material ernsthaft studiert, hat Aussicht darauf, die Arbeit umfassender zu sehen und mehr Sympathie für Leute zu entwickeln, die verschiedenen Wegen und Lehren folgen. Es kann zu einem besseren Verständnis vom Gleichgewicht und von der Tiefe des Werks führen, mit der jeder Einzelne zu tun hat.

An einigen Stellen werden bestimmte Praktiken und Übungen mit Namen erwähnt, aber nicht erklärt – gerade weil sie nicht in Büchern beschrieben und theoretisch erläutert werden können,

1. Im Sherborne House in Gloucestershire, England, leitete John G. Bennett von 1971 bis zu seinem Tod im Jahr 1974 die International Academy for Continuous Education, an deren zehnmonatigen Kursen jeweils bis zu einhundert Studentinnen und Studenten aus aller Welt teilnahmen [Anmerkung des Herausgebers].

sondern von Mensch zu Mensch übermittelt werden müssen. An diesen Stellen werden die Leserinnen und Leser um Geduld und Verständnis gebeten.

Das zweitletzte Kapitel des Buches über Initiation und Gottesdienst fügt einige Fragmente zusammen, die im Laufe meiner persönlichen Gespräche mit John G. Bennett auftauchten, und ist notgedrungen unvollständig und skizzenhaft geblieben.

Es gibt eine Gruppe von Menschen, die zur Arbeit finden *muss.* Diese Menschen sind psychisch beweglich – »psychokinetisch«, wie Bennett es ausdrückt –, ihrer Sache vielleicht überhaupt nicht gewiss oder ohne sichere Überzeugung, aber sie haben etwas »geschmeckt«. Und dies ist der Schlüssel zu allem. Wir können etwas für uns herausfinden, und nicht einfach nur annehmen, was jemand anderes sagt. Wir müssen nicht einmal das, woran wir selbst glauben, als gegeben akzeptieren. Die Arbeit ist das absolut Konkreteste überhaupt, jenseits von Theorie und Glaube.

Gott, die Welt und die Arbeit

ICH SAGTE, DASS ICH HEUTE ÜBER GOTT, DIE WELT UND DIE Arbeit sprechen werde. Jedes dieser Wörter sollte etwas sehr Wichtiges für uns ausdrücken. Aber was drücken sie aus? Ich will Sie jetzt bitten, sie näher zu betrachten und sich selbst diese Frage zu stellen. Versuchen Sie sich von dem zu lösen, was Sie je darüber gehört haben und was Sie gelehrt worden sind, und fragen Sie, was in Ihnen geschieht, wenn Sie das Wort »Gott« gebrauchen oder es von anderen hören.

Es mag sein, dass Ihnen ein Gedanke wie dieser in den Sinn kommt: »Ich habe keine Erfahrung mit Gott, also muss ich mich auf das verlassen, was man mir gesagt hat.« Aber wer sagte es? Welche Erfahrung hatten diese Leute? Auch wenn Sie annehmen, was Sie gelehrt wurden und was Sie darüber gehört haben – was vermittelt es Ihnen? Vielleicht sagen Sie sich: »Ich muss eine eigene Vorstellung haben, etwas muss mir selbst vermittelt worden sein, nicht nur gehörte oder gelesene Worte.« Nun gut, machen wir Gebrauch von allem, was wir darüber gehört und gelesen haben. Was hat es dann in mir hinterlassen, das ich tatsächlich selbst fassen oder begreifen kann?

Aus verschiedenen Gründen stellen die Menschen heutzutage eine Art von Fragen, die man früher nicht stellte. Sie fragen in einer gewissen, sehr besonderen Weise. Sie fragen etwa: »Wie kann es dieses Wesen geben, das man als ›Gott‹ bezeichnet? Wie kann es einen allgerechten, gnädigen Schöpfer geben, Der Seine Schöpfung liebt?« Denn so wird uns Gott dargestellt – allmächtig, allgnädig, allliebend. Wie kann es solch ein Wesen geben? Die Menschen fühlen, dass Er diese Welt unmöglich erschaffen haben kann. Sie sagen dann, wenn es nicht möglich ist, dass Er die Welt geschaffen hat, sie aber doch besteht: »Also kann Er nicht vorhanden sein.« So oder ähnlich wird argumentiert. Daran ist etwas völlig Verkehrtes.

Wenn wir von einem »höchsten Wesen« reden – dem Schöpfer der Welt –, was sagen wir da? Was *bedeutet* es uns? Wie können uns die Wörter »Schöpfer der Welt« irgendetwas bedeuten? Kann einer der Begriffe, die wir für Gott benutzen, irgendeine Bedeutung für uns haben? Ist es nicht genauso sinnlos zu sagen, es gibt einen Gott, wie zu sagen, es gibt keinen? Gibt es irgendetwas, das wir bestätigen oder negieren können, was nicht bloß ein Wort ist? Wir können nicht zu einem Experten gehen, um uns darüber etwas erzählen zu lassen. Die Experten haben seit Tausenden von Jahren darüber gesprochen und konnten nicht helfen. Sie haben uns nur mehr und mehr verwirrt.

Ich weiß noch nicht einmal, wo alles anfing, schief zu laufen, worin das ganze Durcheinander besteht. Alles, was wir sagen können, ist, dass es eine Verwirrung und ein Durcheinander gibt.

Nun zu dem zweiten Wort. Was meinen wir mit »Welt«? Erinnern Sie sich, dass Gurdjieff selbst sagt,[2] dass die Menschen dieses Wort leichtfertig verwenden und jeder etwas anderes darunter versteht? Aber selbst das, was er darüber sagt, bringt uns nicht nahe genug heran an die Einsicht, dass wir wirklich nicht wissen – und auch keine Mittel haben, es zu erkennen –, worüber wir sprechen, wenn wir das Wort »Welt« gebrauchen. Was meinen wir damit? All diese Ansammlung materieller Objekte, all die Dinge, die wir auf der Erde sehen, und alles, was wir uns auf anderen [Sonnen-] Systemen vorstellen können – ist es das, was wir, nicht die Experten, mit dem Wort »Welt« meinen?

Können wir damit aufhören, Wörter wie »Gott« und »Welt« zu gebrauchen, wenn sie keinen Inhalt für uns haben? Viele Jahre lang hielt ich mich daran. Ich vermied so weit wie möglich das Wort »Gott«, weil ich ganz sicher war, dass ich dessen Bedeutung nicht kannte. Was meinen Sie und ich, jeder Einzelne von uns, mit diesen Wörtern? Wenn sie nur für Spezialisten mit einer besonderen Ausbildung oder einer besonderen Art von Verstand einen Inhalt haben, was nützen sie uns dann? Viele Menschen machen es sich einfach und denken: »Schon gut, irgendwer wird es schon wissen. Irgendeine Bedeutung muss es ja haben. Aber es ist nun mal nicht meine Aufgabe, es zu wissen. Es ist nicht mein Job.« Doch wenn diese Wörter überhaupt einen Inhalt haben, dann für Sie und für mich, nicht nur für Spezialisten.

Nun kommen wir zu dem Begriff »die Arbeit«. Dieser wird nicht so allgemein und geläufig benutzt wie »Gott« und »Welt«,

2. Im 48. und letzten Kapitel von G. I. GURDJIEFF: *Beelzebubs Erzählungen für seinen Enkel – Eine objektiv unparteiische Kritik des Lebens des Menschen.* Basel: Sphinx Verlag, 1981.

aber wir gebrauchen ihn hier und da und bei vielen Gelegenheiten. Was meinen wir damit? Meinen wir das, was wir tun? Ist es das? Und wenn ich aufhöre, es zu tun, hört »die Arbeit« dann auf zu existieren?

Aus irgendeinem Grund gebrauchen die Menschen früher oder später gerne den Ausdruck »in der Arbeit sein«. Was bedeuten solche Worte, so eine Sache? Andere Leute benutzen Worte wie »Gottes Werk«. »Gottes Werk tun« wird viel häufiger gebraucht als »in der Arbeit sein«, aber was meinen sie damit, und was sollen wir damit meinen? Können wir behaupten, dies alles geht uns nichts an, übersteigt unser Denkvermögen, liegt außerhalb unseres Ressorts, so dass wir es zur Seite schieben und sagen können: »Das ist etwas für Fachleute, es berührt uns nicht«? Können wir das wirklich?

Lassen Sie uns zum Ausgangspunkt zurückkommen und annehmen, wir würden auf die gewöhnliche Art wie andere Leute über Gott reden. Die Menschen stellen sich Gott als eine Person, als ein großes und mächtiges Wesen vor. Aber was ist ein »Wesen«? Wenn es ein Wesen gibt, dann muss es auch etwas geben, was kein Wesen ist. Was ist nicht Gott? Gott wäre in diesem Fall nur ein Teil des Ganzen. Aber ein Teil wovon? Was ist das? Der Teil, der Gott ist, und der Teil, der nicht Gott ist – was heißt das? Wenn wir aber sagen: »Nein, das kann nicht stimmen; Gott muss alles sein; es darf nichts anderes geben«, dann bin ich Gott, Sie sind Gott, wir alle sind Gott. Doch wenn wir darüber nachdenken, kommen wir zur Erkenntnis: »Natürlich bin ich nicht Gott, dessen bin ich sicher.« So muss es wenigstens etwas geben, was nicht Gott ist, und das bin ich; dann müssen wir sagen, dieser Gott ist nur eine Wesensform, größer als andere, und es gibt noch eine ganze Menge außer Gott. Wenn wir sagen: »Gut, ich bin gewissermaßen auch ein Wesen; es gibt das Wesen Gottes, mein Wesen und Ihr Wesen, das Wesen von uns allen – eine ganze Menge Wesen, Gott ist nur anders«, wie verschieden ist dann Gott? Angenommen, ich betrachte mein eigenes Wesen, wo finde ich etwas, von dem ich sagen kann: »Gut, das ist *mein* Wesen«? Ich mag Gottes Wesen nicht kennen, aber was kann ich über mein eigenes Wesen sagen? Ich schaue mich an. Sehe ich nur eine Maschine, angetrieben von ihren Erbanlagen und den äußeren Einflüssen, die darauf einwirken? Wo sehe ich hier irgendein Wesen? Ich sehe nichts davon. Also gibt es vielleicht gar keine Wesen? Wenn ich nichts davon sehe, woher weiß ich, dass es irgendwo irgendein Wesen gibt? Ich kann nichts in mir entdecken, was ich mit »Wesen« benennen könnte. Ich weiß noch nicht einmal, ob ich es wünsche. Wenn Gott nur ein Wesen ist, dann ist Er genauso ein Schatten, wie ich es bin. Gott ist ein großer Schatten und ich ein kleiner. Ist es das, worüber ich spreche, Gespenster? Ich bin ein Gespenst, Gott ist ein Gespenst. Vielleicht ist es so, es scheint wahrscheinlich. Jedoch gibt es eine Menge Dinge, die Gott nicht gleichen.

Etwas muss also ganz verdreht, ganz durcheinander und verworren sein, wenn ich mir Gott als Wesen vorstelle. Und dann sage ich mir: »Nun gut, bin ich darüber traurig? Verliere ich etwas, wenn ich mir Gott nicht als ein Wesen vorstellen kann? Was für ein Problem habe ich überhaupt mit Gott? Wenn Gott ein Wesen ist, ein großes, gutes und mächtiges Wesen, dann besteht meine Schwierigkeit darin, dass Er die Welt schuf, so wie sie ist. Aber wenn Er nur ein Gespenst ist, was kann ich anderes erwarten?« Ist das wirklich die Art, wie wir über Gott denken? Nein, wir halten Gott für ungeheuer wirklich. Ich sage das alles, weil es möglich ist, sich bis zu einem gewissen Grad von der gewöhnlichen Denkweise zu befreien, in der die Leute darüber reden, schreiben, lehren und predigen.

Wenn man sagt, Gott ist nur ein Gespenst, eine Idee oder eine Erfindung, dann existiert nichts außer dieser Welt der Materie, nichts außer Maschinen. Aber etwas in uns beginnt zu erkennen, dass das nicht wahr sein kann. Wir stoßen auf etwas, von dem jeder von uns ziemlich sicher ist, dass es nicht wahr ist. Wenn man uns nach unserer wahren Meinung über Gott fragt, merken wir, dass wir nur die Worte anderer wiederholen können. Doch würde man uns fragen, ob wir den geringsten Zweifel daran haben, dass es mehr gibt als nur materielle Objekte und Maschinen, könnten wir Nein sagen. Dies ist unsere eigene Erkenntnis.

Und diese Welt: Ist sie nichts anderes als eine Anhäufung von Materie und sich verändernder, ineinander überwechselnder Dinge? Wir sehen, dass die Welt eine Maschine ist. Möglicherweise haben wir sogar begonnen, eine gewisse Vorstellung zu bekommen vom allgemeinen Austausch und der Transformation von Energien und so weiter, und alles fängt an, für uns zu einem Bild zu werden. Wir wissen sehr, sehr wenig darüber. Wir haben jedoch etwas, das jeder Einzelne von uns, Sie und ich und jeder von uns, sagen kann: »Die Welt ist *für* etwas da.« Hier gibt es etwas, wonach wir suchen müssen, etwas, das jenseits dessen ist, was wir jetzt verstehen können, und doch da ist. Wenn wir uns in dieser Weise vorzutasten beginnen, denke ich, haben wir einen anderen Ausgangspunkt. Wenn wir mit der Vorstellung von Gott beginnen, geraten wir in ein hoffnungsloses Durcheinander. Fangen wir mit der Frage an: »Gibt es mehr?«, dann können wir sagen: »Ja, es gibt mehr.« Fragen wir: »Ist diese Welt alles, was es zu verstehen gibt?«, werden Sie sagen: »Nein, sie ist nicht alles, was es zu verstehen gibt.«

Doch es bleibt ein ungutes Gefühl. Wir sind so sehr in der Vorstellung verfangen, dass es zwischen dem Handelnden und der Handlung einen Unterschied gibt, dass ich, wenn ich etwas tue, glaube, ich sei etwas anderes als das, was ich tue. Wir machen diese Trennung. Wir sagen: »Dieser Körper ist nicht ›ich‹; ›ich‹ und mein Körper sind zwei…«, und wir trennen die beiden. Ich mache etwas – da ist es. Ich habe es gemacht, und die Verbindung bricht ab. Es hat seine eigene Existenz. Das Ding, das ich herstelle, ist etwas von mir Getrenntes. Es ist sehr, sehr schwer für uns, auch nur die Frage zu stellen, ob alles vielleicht lediglich eine Illusion ist, ob es überhaupt so ist. Vielleicht bilden wir uns diese Art von Unterscheidung nur ein. Nahezu sicher ist, dass es für Tiere nicht so ist. Für Tiere ist die Welt nur *eine* Sache. Sie trennen sich nicht von dem, was sie tun und was um sie herum vorgeht. Warum tun wir es? Etwas in uns scheint all dieses Durcheinander hervorbringen zu müssen. Warum? Es gibt genug einfache Gemüter, die keine Fragen stellen, die einfach ihr tägliches Leben führen. Sie fragen sich nicht einmal, ob sie überhaupt etwas tun. Sie kümmern sich nicht um die Ergebnisse ihres Tuns. Was machen wir, sobald wir diese Fragen zu stellen beginnen, sobald wir zu denken anfangen, dass da irgendwo ein Wesen existiert namens Gott und dass da irgendwo eine Welt besteht, eine Schöpfung oder so etwas? Soll das heißen, dass wir zur Lebensform der Tiere zurückgehen können? Sollen wir sagen, wir haben ein Durcheinander angerichtet durch den Versuch, zu verstehen oder über das nachzudenken, was existiert? Wir können sehen, dass die Menschen, die keine Fragen stellen, eine solche Verwirrung nicht kennen. Stellen sie tatsächlich keine Fragen? Doch. Vermutlich stellen sie sich nicht *diese* Fragen, *aber sie akzeptieren die Antworten.* Sie haben kein Bedürfnis darüber hinaus. Aber wenn wir das Verlangen nach mehr haben, wird es für uns vielleicht nicht möglich sein, wieder zurückzugehen und zu sagen, es gibt nichts zu erwarten, nichts, um das wir uns kümmern sollten, außer in den Tag zu leben und den Erfordernissen unseres unmittelbaren Lebens nachzukommen. Zu dieser Art Einfachheit können wir nicht zurück.

Wie können wir also diese Art von Verwirrung vermeiden? Wir können tatsächlich nicht in die Einfachheit zurück, weil wir wirklich wissen, dass es etwas Weiteres gibt. So sind wir gefangen zwischen einer tierhaften Einfachheit, zu der wir nicht zurückkehren, und einer menschlichen Verwirrung, die wir nicht ertragen können. Das ist der Grund dafür, dass wir uns der »Arbeit« zuwenden. Wir sagen, diese »Arbeit« wird uns weiterhelfen. Aber was meinen wir, wenn wir darüber sprechen? Fügen wir nicht eine weitere Verwirrung hinzu, ein weiteres bedeutungsloses Wort? Dies geschieht tatsächlich. In all den Jahren, in denen ich Menschen das Wort »Arbeit« gebrauchen hörte, habe ich gesehen, wie es sich immer wieder als ein gleich leeres, bedeutungsloses Wort erwiesen hat, wie »Gott« oder »Welt«.

Ich sage: *Lassen Sie uns damit aufhören.* Verderben wir es nicht, wenigstens für die Zeit, die wir hier sind. Falls wir wirklich überzeugt sind, dass etwas im Wort »Arbeit« enthalten ist, dann lassen Sie uns versuchen, es fertigzubringen, dieses Wort für uns rein zu halten.

Ein echter Vorteil des Wortes »Arbeit« ist, dass es sich nicht bereitwillig dazu hergibt, personifiziert zu werden. Wir fühlen uns nicht veranlasst, »Herr Werk« zu sagen oder »Ihre Heiligkeit, die Arbeit«. Zumindest diesen großen Vorteil hat es. Wir haben hier ein Wort, bei dem keine ernsthafte Gefahr besteht, es zu einem Wesen zu machen, wie wir es mit Gott getan haben. Auch scheinen wir nicht in den Fehler zu verfallen zu denken, die Arbeit existiere in dem Sinne, wie wir die Welt verwirrterweise als existierend angenommen haben, als etwas für sich selbst. Wir sind uns klar darüber, dass man über die Arbeit in einer anderen Weise reden muss. Wir *sind* nicht die Arbeit, wir *tun* nicht die Arbeit, wir sind nicht *in* der Arbeit. Die Arbeit ist von uns allen aber auch nicht unabhängig, abgetrennt. Wir werden eine Menge Durcheinander vermeiden, wenn wir einigermaßen sorgfältig über die Arbeit reden. Das ist keine geringe Sache. Wenn wir hier etwas Ordnung hineinbringen können, gelingt uns das vielleicht auch bei einer Menge anderer Dinge.

Ein weiterer Vorteil des Wortes »Arbeit« ist, dass sich die Arbeit tatsächlich nicht vom Arbeiter trennen lässt. Wenn wir das so sehen können, haben wir etwas sehr, sehr Wichtiges. Wenn wir das Wort »Arbeit« gebrauchen, sprechen wir nicht über uns selbst, nicht darüber, was wir tun, und doch sind wir selbst und das, was wir tun, mit einbezogen. Die Arbeit ist auch, was uns geschieht, ihre Wirkung auf uns. Auch ist es völlig richtig zu sagen, die Arbeit habe eine Wirkung auf uns. Ebenso stimmt es, dass die Arbeit das ist, was wir tun. Richtig ist es auch, wenn wir sagen, die Arbeit ist die Wirklichkeit unseres ganzen Lebens. Die Schönheit liegt darin, dass wir hier ein Wort mit einer Bedeutung haben, die keine falsche Trennung mit sich bringt. Das heißt nicht im Geringsten, dass wir sagen wollen, die Arbeit sei alles, die ganze Welt, Gott und jedes Ding. Aber wenn wir uns den Ausdruck »Gottes Werk tun« anschauen, können wir aus eigener Erfahrung auch darin eine Bedeutung erkennen.

Im Moment wollen wir hier nicht weitergehen. Später werde ich über Dinge sprechen, die positivere Ansätze aufzeigen werden.

Etwas sehr Wichtiges habe ich noch zu sagen: Der größte Teil der Arbeit geschieht außerhalb unserer Erfahrung oder außerhalb unseres Denkens. Das bedeutet nicht außerhalb von *uns,* weit weg auf einem anderen Planeten oder sonst wo, sondern nicht in diesem Bewusstsein, unserem Wahrnehmungsvermögen. Vielleicht haben wir gerade begonnen, einige flüchtige Einblicke in das zu gewinnen, was Gurdjieff meint, wenn er vom *Gewissen* als außerhalb unseres gewöhnlichen Wahrnehmungsvermögens liegend spricht. Ganz bestimmt verbinden wir das Wort »Gewissen«, wenn wir es hören, mit der Arbeit.

Wenn wir die Stufe erreichen, auf der wir beginnen, davon überzeugt zu sein, dass Arbeit eine Realität ist, dass die Arbeit, die sich in uns vollzieht, zum größten Teil jenseits dessen liegt, was wir verstehen können, wir jedoch sicher sind, dass sie real ist, dann geschieht etwas sehr Wichtiges in uns. Es bedeutet, dass wir anfangen, eine gewisse Art Wahrnehmung zu entwickeln, die nicht nur ›draußen aufgelesen‹ wurde. Manchmal geschieht es bei unserem Morgentreffen, dass wir bemerken, wie etwas Ungewöhnliches gegenwärtig ist, und wir dann fähig sind, tiefer in die Übung einzutreten, als wir es normalerweise können. Irgendetwas hat dies möglich gemacht. Nun könnten wir leicht in eine Art Fallgrube geraten, wenn wir denken: »Ein *Wesen* ist gegenwärtig«. Die Leute reden tatsächlich so. Ich weiß, wenn Menschen diese Art Erfahrung haben, sagen sie: »Ah... da ist eine Engelskraft oder ein Wesen gekommen.« Dies ist tragisch, weil es heißt, es wieder auf falsche Vorstellungen zu reduzieren. Es ist nichts dergleichen.

Kürzlich sprach ich zu Ihnen über die Luft und sagte, dass Luft ein allumfassendes Medium ist, das uns enthält und in dem wir leben und das in uns lebt. Es springt sogleich ins Auge, dass Luft nichts mit Wesen zu tun hat und keine Person ist. Luft wirkt durch kein Tun auf etwas anderes ein. Die Luft ist, was sie ist, und so macht sie alles Leben auf der Erde möglich. Das Werk [oder die Arbeit] ist der Luft viel ähnlicher als einem Wesen oder als etwas, was wir tun – einer Handlung oder einem Vorgang wie ein Paar Schuhe machen oder sich einen Astralkörper schaffen oder Ähnliches. Die Arbeit ist nicht weniger als ein Wesen, sondern mehr! Ein Wesen ist nur ein Schatten. Ein Wesen ist nichts… nichts. Ein Wesen hat keine Substanz, weder unser Wesen noch irgendein anderes. Wir würden geradewegs rückwärtsgehen, wenn wir sagten, diese Luft sei weniger als ein Wesen. Sie ist nicht weniger, sondern mehr. Sie hat nicht die Begrenzungen, die Zwänge, die ein Wesen an sich hat, das nicht sein kann, was es ist, ohne andere Dinge auszuschließen und diese nicht zu sein. Unser Wesen, diese unsere Existenz, ist ganz und gar Verneinung, Abwehr, ganz und gar dies, aber nicht das andere. Das ist unser Gefängnis. Und wenn Gott genauso ist, dann ist Gott ebenfalls in einem Gefängnis. Aber die Luft ist es nicht. Natürlich gibt es sehr viel höhere Dinge als die Luft, aber es sind keine Wesenheiten. Wie können wir uns wirklich von der Idee befreien, dass es ein Wesen gibt und dass Existenz etwas Gegenständliches ist wie diese sichtbare Erde und die Dinge, die darauf existieren? Das ist die Schwierigkeit.

Wenn wir von der »Arbeit« reden, sollten wir nicht weniger als all dies meinen, sondern viel mehr. Dieses Mehr geht weit über das hinaus, was wir verstehen können. Ein Grund, warum ich heute darüber sprach, war, dass einige von Ihnen beginnen, flüchtige Einblicke in etwas Derartiges zu bekommen. Das bedeutet: Sie sind damit konfrontiert, dass alles, was man Sie gelehrt hat, alles was Sie jemals über Gott und die Welt und Existenz, Sein und Wirklichkeit und so weiter gehört haben, in einer neuen Weise betrachtet werden muss und werden wird.

Der Inhalt der Arbeit[3]

Anthony G. E. Blake

WIR KÖNNEN UNS DER FRAGE DER ARBEIT NUR DURCH DAS nähern, was wir wissen und praktizieren. Unser Wissen mag sehr indirekt sein und unsere Praxis schwach und unbestimmt. Wir müssen uns vielleicht auf Annahmen und subtile Urteile verlassen und das Zeugnis anderer akzeptieren. Doch die Essenz unserer Annäherung muss aus unserer eigenen Erfahrung destilliert werden.

Es ist wahrscheinlich gerechtfertigt zu sagen, dass die Mehrheit von uns einem Teil der Manifestation der Arbeit verhaftet ist und wegen dieser Verhaftung nicht das Ganze sieht. Unsere Ziele in der Arbeit scheinen sich deshalb zu unterscheiden. Der eine sieht ihr Wesen in der inneren Läuterung, der andere im Dienen, ein weiterer in der Selbstkontrolle, und wieder ein anderer hält das Erlangen eines höheren Bewusstseins für wichtig. Es ist gut, unsere Vorstellungen von dem, was wir für die Arbeit ansehen, zu betrachten und sie als solche, das heißt hauptsächlich als Vermutungen und persönliche Vorlieben, zu erkennen.

In den letzten Jahren haben ›Experten‹ der Traditionen des Sufismus, des Buddhismus und des Hinduismus versucht, den Menschen zu vermitteln, dass die Formen der Aktivität, die konventionellerweise als »spirituell« bezeichnet werden, nur dann von Wert seien, wenn der Einzelne sie mit Verständnis ausübt – das heißt, wenn er oder sie in Einklang mit dem Ganzen steht. Diese Einstimmung wurde auf vielfältige Art ausgedrückt. Gurdjieff sieht sie als einen gezielten erzieherischen Prozess an, der ein Verständnis der Siebenfaltigkeit in die Wege leitet. Krishnamurti regt an, den Weg direkt zu sehen und »die Intelligenz zu erwecken«. Andere sprechen vom »Öffnen des Herzens«. Oft beziehen sich die verschiedenen »Zentren«, Chakras oder »inneren Organe« (Latifas)

3. Die hier wiedergegebene Fassung dieses Kapitels folgt der zweiten englischen Ausgabe des Buches von 1979. Die ursprüngliche Version findet sich als Anhang »Die Praxis der Arbeit« auf Seite 118.

der überlieferten Systeme auf unterschiedliche Stufen der »Einstimmung«.

John G. Bennett hatte seine International Academy for Continuous Education mit der Absicht gegründet, diese »Einstimmung« bei seinen Studenten so schnell wie möglich zu erzielen. Die Methode seiner Arbeit konnte jedoch nicht verhindern, dass sich bei vielen von ihnen jenes Denken in Bezug auf die Natur der Arbeit einnistete, welches die Ordnung und Schönheit, die dem Werk innewohnen, zerstört. Das Muster der Aktivitäten, Übungen und so weiter bot den Studierenden der Akademie einen guten Querschnitt durch das Ganze; doch nur wenige *verstanden,* was es war, und die meisten verfielen in der Folge intellektuellen Konzepten.

Die Leserinnen und Leser dieses Buches werden vermutlich ein gewisses »Gefühl« für den Inhalt der Arbeit haben. Je nach persönlichen Schwerpunkten werden sie Vorstellungen von langen und harten Anstrengungen haben, oder von spontanen Gefühlen und spielerischem Ausdruck, oder von einsamer Selbsterforschung oder Gruppenstudium. Es gibt die Vorstellungen von Konfrontation mit dem Leben, von Rückzug, man denkt an barsches Verhalten oder Stillsein, an den Weg der Hingabe und des Gottesdienstes oder den Weg des Wissens; es kann auch eine Kombination dieser und unzähliger anderer Ideen sein. Welches auch immer Ihre Vorstellungen sind, lassen Sie sie während unserer Diskussion beiseite und versuchen Sie nicht, im Voraus zu bestimmen, wonach wir Ausschau halten.

Gibt es in der Arbeit eine inhärente Struktur? Jedenfalls ist sie nicht vollkommen spontan, sie entspringt nicht nirgendwo und führt auch nicht nirgendwo hin. Es gibt einen Weg, den Männer und Frauen verstehen und gehen können – auch wenn sie ihn wahrscheinlich betreten, lange bevor sie das Gefühl haben zu verstehen, worum es geht.

Gurdjieff spricht von fünf Arten des Strebens oder fünf Seinsbedürfnissen im Menschen:

- in seiner normalen Seinsexistenz alles Befriedigende und wirklich Nötige für den planetarischen Körper zu haben;

- ein dauerndes und nicht nachlassendes, instinktives Bedürfnis nach Selbstvervollkommnung im Sinne von Wesensstärke zu haben;

- ein bewusstes Streben, mehr und mehr über die Gesetze der Weltschöpfung und Welterhaltung zu lernen und zu wissen;
- ein Streben, vom Anfang seiner Existenz an für sein Entstehen und seine Individualität so schnell wie möglich zu bezahlen, um hinterher frei zu sein, soviel wie möglich die Sorge unseres Gemeinsamen Vaters zu erleichtern;
- immer bei der schnellstmöglichen Perfektion anderer Wesen zu assistieren bis zum Grade der Selbstindividualität.[4]

Die bekannteste Struktur der Arbeit ist der »edle achtfache Weg« des Buddha und seine verschiedenen Entsprechungen in der Hindu-Tradition. Der Pfad besteht aus der Betonung der drei Faktoren: ethisches Verhalten, geistige Disziplin und Weisheit.

Es ist ziemlich leicht, zwischen diesen Strukturen Vergleiche zu ziehen – doch das ist ein toter Ansatz. Genau wie wir die Arbeit nicht kennen, bis wir sie in der Praxis entdeckt haben, so verstehen wir nicht, wie sie strukturiert ist, bis sie uns ›übernommen‹ hat. Wir wollen keine leichten Vergleiche ziehen. Wir werden das betrachten, was wir wirklich wissen und praktizieren und was wir für wesentlich halten. Die Arbeit hat viele Dimensionen, doch diese zerstreuen sich nicht in Anstrengung, Aufmerksamkeit oder Liebe. Es geht vielmehr darum, wie diese möglich und fruchtbar für uns sind. Der wirkliche Kern der Sache ist der »*Geschmack* der Arbeit«, das Schmecken des Unerwarteten, des Nichtmechanischen, des Bewussten, des Wirklichen. Eine gewisse Erforschung der Vielfalt ist nützlich, um uns davor zu bewahren, einer Lehre gegenüber voreingenommen zu werden und um unseren Verständnishorizont zu erweitern.

4. G.I. Gurdjieff: *Beelzebubs Erzählungen für seinen Enkel – Eine objektiv unparteiische Kritik des Lebens des Menschen.* Basel: Sphinx Verlag, 1981. Band I, Kapitel 27, Seite 409.

Die beiden Seiten der Arbeit

ARBEIT BEINHALTET, ANSTRENGUNGEN ZU MACHEN, UND eine Anstrengung findet statt, wenn eine höhere Energie auf eine niedere einwirkt. Wir sprechen von der Anstrengung, morgens aus dem Bett zu kommen, oder vom Kampf, eine starke Abneigung zu überwinden. Bei diesen allgemeinen Erfahrungen gibt es eine Beziehung zwischen aktiv und passiv. Das Niedere stellt das passive Element dar und ist durch Reaktion und Widerstand gekennzeichnet. Das Höhere ist der aktivere Teil und ist durch Absicht und eine Bewegung in Richtung einer Veränderung charakterisiert. Ein Mensch, der eine schwere Last schiebt, macht Anstrengungen, da er seine vitalen Energien benutzt, um den Widerstand der materiellen Masse zu überwinden. Hier besteht eine Beziehung zwischen organisierenden und desorganisierenden Elementen: Der Bereich der niederen Energie hat die Tendenz, den Bereich der höheren Energie zu desorganisieren, das heißt, der organisierenden Ausrichtung zu widerstehen. Dies ist die Erfahrung von Anstrengung, und es kann keine Arbeit ohne gewisse Elemente des Kampfes und der Anstrengung geben.

Man könnte nun fragen: Aber was hat eine Anstrengung mit der spirituellen Arbeit zu tun? Jeder muss Anstrengungen irgendeiner Art machen, und die meisten sind nutzlos oder mechanisch. Wir müssen die Relativität der Ausrichtung bei Anstrengungen berücksichtigen. Ein Mensch kann Anstrengungen aus Furcht oder gewohnheitsmäßigem Gehorsam – wie ein Tier – machen. Er kann Anstrengungen von seiner äußeren Persönlichkeit her machen, um das Bild, das er von sich hat, aufzuwerten. Oder er kann von seinem inneren Wesen, das heißt seiner wahren Natur, her arbeiten. Die reinste Form der Anstrengung ist es, wenn ein Mensch einer *echten Verpflichtung* nachkommt.

Das bejahende Element der Anstrengung ist das Arbeiten vom Verstand her. Der Verstand sagt Ja und der Körper oder die Gefühle sagen Nein. Aber es muss tiefer gehen. Unsere ganze automatische Natur sagt Nein, und nur das höhere Wesen im Menschen kann wirklich Ja sagen. Wenn wir gegen die Zwänge des Interesses oder einer Abneigung arbeiten, kommt diese Bejahung von unserem höheren Selbst. Das höhere Selbst entspricht mehr dem wirklichen Ich als die niederen Teile des Selbsts, aber das niedere ist zu einem gewissen Grade auch »ich«.

Deshalb erfahren wir eine Dualität in uns, indem wir gleichzeitig sowohl das Ja als auch das Nein sind. Wenn Anstrengungen jedoch durch äußere Anreize hervorgerufen werden, geht diese innere Dualität verloren und von Arbeit kann keine Rede mehr sein. Aus diesem Grund müssen wir uns vor Situationen hüten, in denen Menschen durch Zwang oder Überredung dazu gebracht werden, Anstrengungen zu machen, denn diese sind dann nicht wirklich ihre eigenen. Das heißt aber nicht, dass es keine nützliche Ermutigung gibt oder dass Motive, deren Ursprung Wettbewerbscharakter haben oder aus dem Willen stammen, ein gutes Beispiel zu liefern, ohne Wert sind. Die Problematik ist relativ. Wir können uns nicht immer auf Anstrengungen verlassen, die ausschließlich nur von uns kommen.

Für die Arbeit sind nicht nur Taten wichtig, die ausschließlich von uns kommen. Wir sind nicht allein in der Arbeit, es gibt andere Menschen, es gibt einen verborgenen Teil in uns und es gibt »höhere Kräfte«, ohne die wir vollkommen hilflos wären. Es ist eine wichtige Sache zu erkennen, dass wir lernen müssen, wie wir es den überlegenen Kräften möglich machen, in uns hineinzugelangen. Sie können nicht herein, außer wir lassen es zu. Um es zuzulassen, müssen wir *rezeptiv* sein.

Zu Beginn ist es schwierig, aber wir müssen den Unterschied zwischen Passivität und Empfänglichkeit (Rezeptivität) verstehen. Sind wir passiv, stehen wir unter dem Einfluss niederer Kräfte; sind wir jedoch rezeptiv, sind wir dem Höheren gegenüber offen. Darin liegt der Schlüssel zu sehr vielen praktischen Problemen der Arbeit.

Zuerst müssen wir sehen, dass Anstrengungen notwendig sind. Wir haben eine eigene Stärke, die zu einem gegebenen Zeitpunkt realisiert werden kann, und wir stehen unter der Verpflichtung, diese Stärke zu nutzen. Ein Teil dieser Stärke ist natürlich, er stammt aus unserem eigenen Wesenskern, ein anderer Teil rührt aus dem Verständnis, das wir durch praktische Erfahrung und Leiden entwickelt haben, und ein weiterer Teil ist uns aus einer verborgenen Quelle gegeben. Diese verschiedenen Teile unserer Stärke sind wie die den Knechten anvertrauten Talente des Gleichnisses im Evangelium [Mt 25.14–30], und es liegt an uns, ob wir sie vermehren, verlieren oder einfach aufbewahren. Manchmal fühlen wir vielleicht, dass nichts von der vorhandenen Kraft wirklich aus uns kommt, sondern alles ein Geschenk war. Das bedeutet nicht, dass man von der Verpflichtung, irgendwelche Anstrengungen zu machen, loskommen kann. Wir müssen jedoch unterscheiden lernen zwischen Anstrengung um ihrer selbst willen und einer solchen, die eine Absicht enthält. Dies ist eine Angelegenheit des Gewissens.

Zweitens müssen wir ganz grundsätzlich begreifen, wie unzulänglich der Spielraum unserer eigenen Anstrengungen ist. Um eine wirklich nützliche Anstrengung zu machen, müssen wir in der Lage sein, die Gelegenheit dafür zu sehen, das heißt, wir müssen genügend wach sein.

Woher kommt diese Wachheit? Letztendlich wird sie uns auf eine Weise gegeben, die wir weder kontrollieren noch selbst bestimmen können – doch wir tun vieles, um sie zu verhindern. Höhere Energien können in uns wirken, wenn wir uns im Zustand der Zerstreuung, des Abgelenktseins von uns selbst befinden und somit momentan, aber vielleicht unabsichtlich, offen sind. Doch dann können wir alles durch das Klammern an Erlebnisse, den Eigenwillen oder Erwartungen verderben. Um etwas unverfälscht aufzunehmen, müssen wir leer von uns selbst oder zumindest bereit sein, für etwas jenseits unserer selbst Platz zu machen.

Die höheren Kräfte können kommen und an unsere Tür klopfen, aber wir müssen die Tür öffnen. Wir können sie sogar einladen, uns zu besuchen, obwohl es nie eine Garantie für die Erfüllung dieser Bitte geben kann, denn es muss einen wirklichen Raum der Leere in uns geben, wenn sie hereinkommen sollen. Die Bedingung für das Erhalten von Hilfe ist, dass wir sie wollen und fähig sind zu empfangen. Dies ist nicht so eindeutig und einfach, wie es anfangs aussieht, da wir gewöhnlich wenig davon verstehen, welche Hilfe wir benötigen. Wirkliche Hilfe ist etwas, was wir nicht aus eigener Anstrengung heraus erzeugen können und uns daher weitgehend unbekannt ist.

Arbeit durch Anstrengung und Arbeit durch das Empfangen von Hilfe können sich nicht gegenseitig ersetzen, aber beide Aspekte können in einer ganzheitlichen Tätigkeit gegenwärtig sein. Hilfe ist nötig, um etwas Neues anzufangen und zu vollenden, aber ohne Anstrengung gibt es überhaupt keine Aktion. Die Kombination der beiden Seiten in uns gehört zur Realität der *Synergie,* oder Zusammenwirkung, die für die Ganzheit des Werks notwendig ist.

Weder ist das Werk etwas, was wir tun, noch etwas, was mit uns getan wird, aber wir können unserer Fähigkeit entsprechend an der Arbeit *teilhaben.* Dieses Teilhaben ist manchmal eine Sache der Anstrengung und manchmal von empfangender Haltung abhängig. Wenn wir uns einseitig auf Anstrengung konzentrieren, werden wir unsensitiv, wenn wir uns nur auf Hilfe verlassen, werden wir schwach. Es gibt viele praktische Gründe dafür, die beiden Aspekte in unserer eigenen Arbeit auszugleichen.

Menschen, die sich ihrer eigenen Leere stark bewusst werden und sehen, wie wenig sie an ihrem Zustand ändern können, werden leicht entmutigt und hören mit allen Versuchen, Anstrengungen zu machen, auf. Sie lassen die Dinge einfach geschehen, wie sie auf sie zukommen. Sie geraten in die Versuchung der quietistischen Passivität und des Fatalismus, wobei die Gefahr besteht, dass Empfänglichkeit mit Untätigkeit verwechselt wird.

Vollkommen passiven Menschen kann man keine Hilfe geben, da sie zu sehr von niedrigen Kräften beherrscht werden. Anstrengungen zu machen, ermöglicht einen Gemütszustand, in dem sinnvoll um Hilfe gebeten werden kann. Andererseits sind jene, die das Bedürfnis nach Hilfe nicht sehen, in einer gefährlichen Situation. Sie leben in einer Welt ihrer eigenen Anstrengungen und können nur den Einfluss ihres Selbstwillens und Egoismus verstärken. Sie sind so von sich eingenommen, dass die Transformation zum Erliegen kommt und das ganze Gebäude, das errichtet wurde, wieder niedergerissen werden muss, um dann erneut richtig aufgebaut zu werden.

Zu verstehen, wann man aktiv und wann man rezeptiv sein muss, ist eine Prüfung

Arbeit und die dritte Kraft

IN UNSERER NATUR ALS DREIHIRNIGE WESEN[5] IST DIE MÖGlichkeit angelegt, sowohl bejahend als auch empfangend zu sein. Wir können Anstrengungen machen und Hilfe empfangen. Sind diese beiden Aspekte im Gleichgewicht, wird eine einzigartige Schöpfung, eine neue Realität in uns freigesetzt. Sie gehört zur Arbeit und *ist* in einem ganz besonderen Sinne die Arbeit.

Jeder, der Selbstbeobachtung durchgeführt hat, muss sich bewusst sein, dass die Wirklichkeit der Arbeit in uns durch unseren unnatürlichen Zustand des Schlafes und der mechanischen Abläufe unserer Funktionen verdeckt wird. Die Arbeit dringt nicht in die Traumwelt ein. Wenn ein Impuls zur Anstrengung oder ein Impuls der Hilfe in uns aufkommt, »schmecken« wir die Arbeit und befinden uns in einer realen Welt. Nur in einer wirklichen Welt können wir anfangen, die Natur der Arbeit als etwas zu verstehen, was mehr ist, als eine Tätigkeit in der Welt gewohnter Erfahrungen, etwas grundsätzlich anderes als das gewöhnliche Sein und Erleben. Sie hat eine andere Qualität, weil sie jenseits der Dualität unserer Erfahrungen wirkt. Das Wesen der Arbeit verbindet das bejahende und empfangende Prinzip, das heißt, sie ist die dritte unabhängige Kraft.

Gurdjieff sprach von der »dritten Welt«, die für uns durch die Arbeit möglich ist: eine Welt, die durch die schöpferische Verschmelzung der inneren und äußeren Welten ins Leben gerufen wird. Dies ist ein wichtiges Thema in Gurdjieffs dritter Schriften-

5. »Die ›drei Gehirne‹ [oder »Zentren«] des Menschen [...], Denken, Fühlen und Bewegen, können unabhängig voneinander funktionieren. Das unterscheidet den Menschen von den anderen Wirbeltieren und den ›zweihirnigen‹ Lebewesen, die nur fühlen und sich bewegen, und ebenso von den wirbellosen und ›einhirnigen‹ Lebewesen, die weder fühlen noch denken. Gurdjieff beschreibt den Menschen immer als ›dreihirniges Wesen‹ [...] Jedes der drei Gehirne erlaubt dem Menschen eine jeweils andere Beziehung zur Welt, obgleich es sich dabei immer um die gleiche, sichtbare Welt handelt. Wenn die Gehirne harmonisch miteinander verbunden sind, erlangt der Mensch große Macht in der Welt, aber die Gehirne sind nur Instrumente der Funktion, sie sind nicht das, was den Menschen ausmacht« [aus: JOHN G. BENNETT: *Die inneren Welten des Menschen.* Zürich: Chalice Verlag, 2009. Seite 32].

reihe *Das Leben ist nur dann wirklich, wenn »Ich bin«.*[6] Aber Gurdjieff vermeidet behutsam jeden Versuch zu beschreiben, worin diese dritte Welt besteht. Stattdessen führt er den Leser an den Punkt, wo er für sich selbst sehen kann, ob er sie erfahren hat.[7] Es ist jedoch nützlich zu versuchen, einige Aspekte dieses dritten Bereichs in Worte zu fassen, obwohl dies bei Menschen, die über solche Dinge nur nachdenken, zu Missverständnissen führen kann.

In der Wirklichkeit gibt es zunächst einmal keinen Unterschied zwischen einer Verschmelzung der inneren und äußeren Welten des Menschen, zwischen den empfangenden und bejahenden Handlungen sowie der selbständigen Existenz eines dritten Elements. Die dritte Welt ist die spirituelle Wirklichkeit, und die Arbeit ist sowohl die Realität selbst als auch *die Weise,* wie sie in unserem Leben auftaucht. Die Arbeit ist das Licht und der Weg, und zwischen Zielen und Mitteln kann es keine Trennung geben.

Zweitens bleiben die Früchte der Arbeit zu einem großen Teil unsichtbar, auch in der natürlichen Welt des Menschen, wo Anstrengungen der Arbeit möglich sind. Auf die Früchte der Handlungen zu verzichten, wie es zum Beispiel die Bhagavad Gita fordert, enthält einen sehr wichtigen Aspekt: nämlich nicht nach Ergebnissen zu streben. Die Ergebnisse unserer Handlungen, die wir herbeiwünschen möchten, können immer nur Abwandlungen dessen sein, was wir bereits wissen und erfahren haben, und sind deshalb unwesentlich oder zweitrangiger Art. Der eigentliche Schatz bleibt solange verborgen, bis wir die Augen haben, die ihn sehen können. Wenn es dazu kommt, erscheint die Arbeit in einem ganz anderen Licht.

Diese Unsichtbarkeit der Arbeit, sowohl in ihrer Wirkungsweise als auch in ihren Ergebnissen, ist von großer Bedeutung. Sie ist ein integraler Teil des Wesens der Arbeit und nicht nur eine Folge unserer Wahrnehmungsschwäche. Wir müssen uns mit fragmentarischen, flüchtigen Einblicken und Hinweisen anderer Menschen abfinden und sollten lernen, der Führung durch Kräfte zu vertrauen, die besser als wir sehen können. Fast alle Menschen, die sich bemühen und an sich arbeiten, erleiden Zeiten totaler Ungewissheit, was den Wert ihrer Anstrengungen und Erfahrungen anbe-

6. G.I. Gurdjieff: *Das Leben ist nur dann wirklich, wenn »Ich bin«.* Basel: Sphinx Verlag, 1987.

7. Siehe dazu John G. Bennett: *Die inneren Welten des Menschen.* Zürich: Chalice Verlag, 2009. Kapitel drei.

langt, und sie finden es fast unmöglich, die Versicherungen jener zu akzeptieren, die vorangegangen sind und bis zu einem gewissen Punkt sehen können, dass ein wirklicher Fortschritt stattfindet, wenn auch in einer verborgenen Dimension. Das Durchmachen solcher Phasen, die Befreiung von negativem Zweifel und das zwischenzeitliche »Aufgeben« sind sehr wichtige Elemente der Arbeit und vielleicht der einzige Weg, über den die meisten von uns von der Verhaftung an die niederen Welten befreit werden können und fähig werden, das zu empfangen, was sie brauchen.

Drittens sollten wir uns davor hüten, von der Arbeit ausschließlich in der Terminologie der persönlichen menschlichen Aktivität und Erfahrung zu sprechen. Die Arbeit ist mehr als persönlich, und wir sollten uns das vor Augen halten, auch wenn uns dessen Bedeutung unklar ist. Die Arbeit ist nicht in dem Sinne unpersönlich wie etwa eine Felsmasse, sondern eher wie die Luft, die wir atmen. Jeder von uns hat seinen eigenen Atem, wie jede lebende Kreatur, aber die Luft bleibt ungeteilt und ganz. Sie ist das Medium des Lebens und der Schwingungen des Lichts, des Schalls und der magnetischen und elektrischen Kräfte, die in die Sphäre der Erde eintreten. Luft ist ohne Grenzen, denn kein Bereich des Weltraums, wie weit er auch sei, ist vollkommen leer davon. Durch Luft ist sogar die kreative Kraft der Sonne gegenwärtig und kann in das Gemüt des Menschen eindringen und es transformieren. Die Arbeit ist wie Luft. Sie ist überall und machtvoll, aber sie benötigt unsere Mitarbeit, um in uns eindringen zu können. Was wir von der Luft haben, hängt von unserer Aufmerksamkeit und den Energien ab, die wir angesammelt haben; ihre Möglichkeiten erstrecken sich vom molekularen Sauerstoff bis zu den Substanzen zum Aufbau unseres Seelenkörpers.

Eine Wirklichkeit, die weit mehr ist als etwas Persönliches, ist sehr schwer zu verstehen. Aber es wäre *auch* ein Fehler, dies für wahrer zu halten als die Aussage, die Arbeit sei persönlich. Die Arbeit kümmert sich um Individuen, und Individuen müssen arbeiten, auch wenn ihre Tätigkeit im Vergleich zu den übermenschlichen Kräften, die damit verknüpft sind, verschwindend klein erscheint. Diese erstaunliche und wunderbare Tatsache kann uns viel über den versöhnenden Aspekt der Arbeit lehren: Was uns fast als Widerspruch in sich erscheint, nämlich dass ein menschliches Individuum arbeiten kann, ist ein Kennzeichen höherer Wahrheit.

Als Letztes sollten wir Gurdjieffs Begriff von einer dritten Welt ernst nehmen und jede Vorstellung von uns weisen, dass der Arbeit nur unsere »innere Welt« wichtig ist. Hier müssen wir uns von den Vielen trennen, die die äußere Welt als minderwertig zurückweisen und die innere Welt für realer halten – dem ist nicht so. Die psychische Welt ist nicht einmal spiritueller als die äußere Welt physischer Ereignisse und Tätigkeiten. Es ist ein gewaltiger Fortschritt, wenn man von der Bindung an das innere Leben befreit wird und entdeckt, dass Gefühle und Verstand Gott nicht näher sind als das Fleisch.

Das ist der Grund, warum sich die Tradition der Arbeit immer mit praktischer Wirksamkeit in der Welt befasst hat. Die Arbeit ist an den wirklichen Bedürfnissen der Menschen interessiert, am menschlichen Fortschritt, und nicht an subjektiver Erfahrung; und jene, die Augen haben, das zu sehen, haben die Verpflichtung, entsprechend zu handeln. Der Arbeit bewusst zu dienen, ist eine sehr große Sache und eine unter den höchsten Aufgaben für einen Menschen. Aber innerhalb dieser Aufgabe gibt es ein gewisses Etwas, an dem wir alle teilhaben können, nämlich die Notwendigkeit, die Arbeit so weit zu manifestieren, wie wir sie sehen. In der Bergpredigt steht geschrieben: »Lasset euer Licht leuchten vor den Menschen, dass sie eure guten Werke sehen und euren himmlischen Vater preisen« [Mt 5.16]. Diese Worte von Jesus zeigen den Weg: Es gibt eine Verpflichtung zur Manifestierung. Wie wir sehen werden, ist der Weg dahin nicht leicht, denn um es richtig zu tun, müssen wir frei sein von Unehrlichkeit und Selbst[bezogenheit].

Der versöhnende Charakter der Arbeit ist immer gegenwärtig, ob bei Anstrengungen oder beim Empfangen von Hilfe. Er ist für gewöhnlich verborgen, dient aber dazu, die widerstrebenden Bewegungen der bejahenden und empfangenden Kräfte zu verbinden. Die Arbeit hat im Wesentlichen mit Freiheit zu tun und ist darum immer unerwartet und geheimnisvoll. In unserem unmittelbaren Erleben können wir alle einen Geschmack dieser Freiheit haben, wenn wir um der Arbeit willen arbeiten, ohne einen äußeren Grund oder Druck und unabhängig von Kräften, die in unserer Psyche wirken. Sie hat dann den Charakter sexueller Erfahrung, des Spiels oder der Schönheit im gegenwärtigen Augenblick geschaffen, ohne ein Vorher oder Nachher.

Jede Tätigkeit, die wirklich im Jetzt stattfindet, gehört zur Arbeit und ebenso jede Erfahrung, in der das Getrennte vereint wird, ohne dass Unterschiede verschwinden. Ein Sänger verwirklicht einen vollkommenen Ton, zwei Leute begegnen sich, weil sie für einen Moment leer von sich selbst sind, eine negative Emotion wird durch einen bewussten Atemzug zum Seinspartikel verwandelt – in all dem liegt die Substanz der Arbeit.

Wie wir dazu kommen, zeigen *die Linien der Arbeit,* denen wir folgen in Übungen, im Leiden und gelegentlich auch in dem, was von uns verlangt wird.

Linien der Arbeit

UNSERE ARBEIT HAT EINE RICHTUNG. DIESE IST NICHT immer die gleiche. Wie wir gesehen haben, macht es einen Unterschied, ob wir eine aktive oder eine rezeptive Rolle spielen. Es gibt noch einen weiteren Unterschied, den wir berücksichtigen müssen und der daraus entspringt, worum es bei der Arbeit geht. Wenn wir mit uns kämpfen, zum Beispiel um eine Schwäche zu überwinden, findet die Arbeit in uns selbst statt und es geht um unser Sein. Wenn wir, um unserem Nächsten zu dienen, unsere eigenen Interessen opfern, geht die Arbeit in die Gemeinschaft ein, in der wir leben. Der Unterschied liegt darin, *wo* sich die Arbeit manifestiert und Ergebnisse erzeugt.

Gurdjieff näherte sich dieser Frage mittels der Idee der drei Linien der Arbeit: für mich selbst, für die Gruppe (oder die Gemeinschaft, in der ich arbeite) und für den kosmischen Zweck.

Er entwickelte diese Idee auf vielfältige Weise, so zum Beispiel in *All und Alles,*[8] wo er die Auffassung von der Arbeit für Gott entwickelte. Es ging ihm ganz klar um Unterschiede in der Art, wie sich die Arbeit manifestiert, aber er interessierte sich auch für die besondere Weise, wie eine Arbeit praktisch ausgeführt wird. Im Verhältnis zu anderen – der jeweiligen Gruppe oder Gesellschaft – besteht die Idee des Dienens, und diese Idee ist Mittelpunkt jeder Art von Arbeit, die den Namen verdient. Dienen erweitert sich zu der Möglichkeit, Gott oder dem Werk zu dienen. Das beinhaltet die Idee der Manifestation, das heißt, dass man das Ausdrucksmittel sein kann, mit der die Arbeit in die Welt gelangen kann. All dies muss von »Arbeit an sich selbst« unterschieden werden, die außerhalb von uns Auswirkungen haben kann oder auch nicht. In seinen Schriften weist Gurdjieff immer wieder darauf hin, dass man unter den Einfluss höherer Kräfte kommen kann, eine Wirkung, die von innen kommt. Dies ist nicht der Ort, um darzulegen, was Gurdjieff über verschiedene Arten der Arbeit gesagt hat; aber bei einer Gelegenheit wies er darauf hin, dass man das Kon-

8. G.I. GURDJIEFF: *Beelzebubs Erzählungen für seinen Enkel – Eine objektiv unparteiische Kritik des Lebens des Menschen.* Basel: Sphinx Verlag, 1981.

zept der Siebenfaltigkeit auf dieses Problem anwenden und von sieben Linien der Arbeit sprechen könne.

Die Idee der sieben Qualitätsaspekte einer vollständigen Struktur oder Ganzheit ist uralt. Wir wollen uns der Idee der sieben Linien jedoch nicht von irgendeiner Doktrin her nähern, sondern uns den einfachen Tatsachen in unserer eigenen Erfahrung der Arbeit zuwenden.

Wir haben bereits gesehen, dass man einen Unterschied zwischen aktiven und rezeptiven Arten der Arbeit machen muss. Und wir haben gesehen, dass man Unterschiede dahingehend machen kann, wo die Arbeit Ergebnisse zeigt oder sich manifestiert. Das ist eine Sache des Zusammenhangs.

Der naheliegende Kontext ist der der *Aktion.* Das bedeutet jede Tätigkeit oder Wirkung, die sich *im Hier und Jetzt* abspielt, egal ob es sich darum handelt, den Boden zu schrubben oder Gott zu loben. Aktion ist primär und wir dürfen nicht an jemanden denken, der etwas tut, oder annehmen, dass einige Aktionen der Arbeit näher sind als andere. Die grundsätzliche Aktion *ist* das Werk.

Der nächste naheliegende Zusammenhang ist der *»meiner selbst«,* das heißt des Ichs als einer *Entität.* Das Selbst hat eine Struktur. Es ist nicht statisch, sondern hat eine dynamische Wirklichkeit, die intensiver als in einem Lebewesen sein kann. Wir finden in uns Selbstbejahung und Selbstverneinung in einem Verhältnis zueinander. Wir können davon sprechen, dass ein Teil bejaht und der andere verneint, aber das gilt nur für den Augenblick. Im gewöhnlichen Traumleben gibt es keine innere Dynamik. Wenn wir aber mit uns selbst kämpfen, sind Bejahung und Verneinung *in uns.* Wenn der niedere Teil von uns empfänglich wird für etwas Höheres, entsteht eine Dynamik, eine *innere Wirkung.*

Der nächste Zusammenhang, den es zu diskutieren gilt, ist der unserer *Gemeinschaft.* Wir leben mit anderen zusammen. Es gibt natürliche Gemeinschaften, wie die Familie, und solche, deren Wurzeln in unserem beruflichen Leben liegen. Es gibt die Gefährten in der Arbeit, was Lehrer, Mitschüler und so weiter mit einschließt. Wir finden unseren Weg in die Arbeit durch die Gemeinschaft, in der wir leben. Es ist von großer Bedeutung, dass Gurdjieff wiederholt betont, dass das Werk nicht in der Isolation verwirklicht werden kann.

Der letzte Zusammenhang kann als unsere *Welt* definiert werden. Dies beinhaltet alles, was wir direkt oder indirekt erfahren, ob es sich hierbei um Ereignisse unseres Lebens, eine wissenschaftliche Schrift über die Natur der Galaxien oder um ein antikes Grab handelt. Die Arbeit sollte in all unsere möglichen und tatsächlichen Erfahrungen Einzug halten. Dadurch wird eine größere Vision des Ganzen und des Platzes, den wir darin einnehmen, vermittelt. Der Hauptteil der Arbeit bezüglich der Welt betrifft das Verstehen, und dafür gibt es keine Grenzen.

In jedem dieser Zusammenhänge gibt es die bejahenden und rezeptiven Arten der Arbeit. Wir werden zuerst die drei bejahenden Zweige und dann die drei rezeptiven betrachten. Diese Unterscheidung verschwindet im Zusammenhang der Aktion: Wir werden von der Linie der Arbeit sprechen, die eine *Manifestation* der Arbeit ist. Dies gibt uns dann sieben Linien der Arbeit. In dreien sind wir aktiv, in einer neutral, in dreien rezeptiv.

1 In der ersten Linie sind wir aktiv, indem von außen etwas in uns aufgenommen wird. Zusammenhang: *Welt.*

2 In der zweiten Linie sind wir von innen nach innen aktiv. Zusammenhang: *ich selbst.*

3 In der dritten Linie sind wir von innen nach außen aktiv. Zusammenhang: *Gemeinschaft.*

4 In der vierten Linie sind wir weder aktiv noch rezeptiv. Zusammenhang: *Aktion.*

5 In der fünften Linie sind wir rezeptiv, indem wir von außen nehmen. Zusammenhang: *Gemeinschaft.*

6 In der sechsten Linie sind wir innerlich rezeptiv (von innen nach innen). Zusammenhang: *ich selbst.*

7 In der siebten Linie sind wir demgegenüber rezeptiv, was jenseits von uns ist. Zusammenhang: *Welt.*

Die verschiedenen Begriffe – »ich selbst«, »Gemeinschaft«, »Welt« und »Aktion« – sollten nicht zu eng aufgefasst werden. Wir wissen ja nicht, was der Begriff »Welt« wirklich bedeutet. Das Wort dient unserer Absicht, wenn es uns daran erinnert, was außerhalb von uns ist, jenseits des Kreises der Beziehungen in unserer Gemeinschaft. Andererseits bleibt auch der Begriff »Gemeinschaft« undefiniert, denn es ist nicht beabsichtigt, ihn streng auf die unmittelbare Gemeinschaft lebender Menschen zu beschränken. Außerdem gibt es noch »ich selbst« und »Aktion«. All dies kann nur in Begriffen aus unserem konkreten Erleben der Arbeit verstanden werden.

Die sieben Linien

DIE SIEBEN LINIEN DER ARBEIT SIND DIE BESTANDTEILE DER siebenfaltigen Arbeit. Um über sie zu sprechen, müssen wir sie voneinander trennen und uns einzeln auf sie konzentrieren. Jede von ihnen hat ihre eigene Qualität, ihren eigenen Geschmack, genauso wie Blau und Rot voneinander verschiedene Erfahrungen sind, obwohl beide Farben zur Welt sichtbarer Strahlung gehören.

Diese Analogie ist sehr zutreffend, denn es mag sehr wohl »Welten« der Arbeit geben, die für uns unsichtbar sind. Darüber können wir nichts wissen. Wir sind dreihirnige Wesen, deren Leben und Arbeit hier in diesem Sonnensystem stattfindet, und was jenseits dessen ist, ist jenseits unserer Natur und möglichen Erfahrung. Das große Werk hat uns zum Verständnis der Realität der unsichtbaren Welten von Bewusstsein und Kreativität gebracht, doch diese sind begrenzt. Wir gewöhnlichen Menschen können mit höheren, unsichtbaren Welten Verbindung aufnehmen durch Gebete und durch die Übungen, die für und durch uns geschaffen wurden. Dies alles bringt uns jedoch nicht über die Grenzen der Welt hinaus, die unser Leben erschaffen hat.

Eine Ausnahme gibt es vielleicht, und das ist das Angebot der Göttlichen Liebe, die unmöglich als eine begrenzte Realität nur unserer Sonne gedacht sein kann. Liebe ist jenseits der kreativen Kraft, die durch die Sonne symbolisiert wird. Das Eintreten von Liebe in die menschliche Spezies, wie es die Inkarnation Christi bezeugt, ist das wichtigste Ereignis der menschlichen Geschichte. Es ist aber jenseits menschlicher Arbeit und Kraft, selbst wenn diese durch die kreativen Intelligenzen unterstützt werden, die die ausführenden Organe bei der Erschaffung des Lebens waren. Was also bleibt, ist wahrhaft »jenseits dieser Welt«. Die Liebe tritt in uns ein, wenn unsere Seele nackt[9] und wenn unser Egoismus durch äußerste Selbstdemütigung aufgehoben ist.

Die Arbeit kann uns an die Tür zur höchsten Realität führen, aber der Schritt, der dann getan werden muss, kommt nicht aus

9. Vergleiche JOHN G. BENNETT: *Die Meister der Weisheit.* Verlag Bruno Martin, 1993 / Chalice Verlag. Kapitel 1 und 5.

dem Streben, nicht durch eine Methode oder Handlung, die wir verstehen.

Diese Dinge zu hören, mag verwirrend sein, aber es gibt eine Verpflichtung, sie hier zu sagen. Es sollte uns helfen, die Arbeit umso höher einzuschätzen, denn es gibt die Pflicht, alles zu tun, was getan werden kann. Die Arbeit ist die Quelle eines neuen Verstehens vom Sinn und der Absicht menschlichen Lebens auf dieser Erde. Es gibt eine derartige Arbeit in jeder Gemeinschaft, die der Selbstvervollkommnung und dem Dienen geweiht ist. Die Arbeit ermöglicht uns zu verstehen, was von uns verlangt wird, was es heißt zu arbeiten und warum es eine Pflicht ist, so bewusst wie möglich für den höheren Zweck zu arbeiten.

Die Idee von der Siebenfaltigkeit der Arbeit ist mehr als nur ein Konzept. Die Arbeit hat eine Struktur, die mindestens so organisiert und kompliziert ist, wie die eines lebenden Wesens. Wenn wir die Linien der Arbeit einzeln betrachten, um zu erkennen, wie jede geartet ist, müssen wir uns daran erinnern, dass die Qualität und der Charakter jeder Linie von der *ganzen* Arbeit stammen. Es ist von Bedeutung, dass wir manchmal aktiv sein müssen, um neue Ideen aufzunehmen, gerade, weil wir zu anderen Zeiten rezeptiv sein müssen. Am Anfang scheint die Arbeit zeitweise aus einer Zusammenballung gleichartiger Anstrengungen und Bestrebungen zu bestehen. Ohne die Vielfalt wird die Arbeit eine Illusion. Jede Linie ist eine Herausforderung für das Verstehen der übrigen und ermöglicht, dass sie immer erneuert werden. Die Siebenfaltigkeit ist ein Weg, um sich in die *ganze* Arbeit einzustimmen. Wohin man gelangen muss, lässt sich folgendermaßen ausdrücken: Unsere Realität und die der Arbeit kommen zur Deckung, oder: Wirklichkeit *ist* Arbeit.[10]

10. Vergleiche JOHN G. BENNETT: *Eine spirituelle Psychologie – Die Suche nach der Wirklichkeit.* Zürich: Chalice Verlag, 2007. Seite 268: » In diesem Moment erwachte ich vollständig und begriff blitzartig die unendliche Bedeutung der Arbeit. Sie ist der Imperativ aller Imperative, die Quelle, aus der alles Leben seinen Sinn erhält, der Weg zur Wirklichkeit und sogar die Wirklichkeit selber. Die Arbeit hat viele Formen, aber alle haben eines gemeinsam: den ›Willen zur Wirklichkeit‹«.

Aktiv

Wir können aktiv darin sein, etwas von außen aufzunehmen (1); ein Teil von uns kann einem anderen gegenüber aktiv sein (2); und wir können darin aktiv sein, dass wir etwas gegenüber der Außenwelt tun (3).

Also kann es eine Bewegung von außen zu uns geben, es kann eine von uns eingeleitete Bewegung in uns und eine Bewegung aus uns heraus geben.

Eine vierte mögliche Kombination, die einer Aktivität von außerhalb nach außen, passt nicht hierzu, da wir irgendwie einbezogen sein müssen, wenn wir etwas Aktives tun.

Die erste Linie der Arbeit: Assimilation

Affirmativ von außen

IN JOHN BUNYANS »PILGERREISE« WAGTE HERR ÄNGSTLICH nicht zu bitten und hatte keinen Mut, an die Tür zu klopfen. Christian sagt: »Auch ich habe das Gefühl der Verzweiflung, aber es beeinflusst mich anders. Es bringt mich dazu, mehr zu bitten und zu fragen und lauter anzuklopfen.«

Wenn wir nicht schauen, können wir nichts sehen; wenn wir nicht darum bitten, können wir nichts empfangen. Wir haben die Verpflichtung, das, was die Welt uns anbietet, uns *zu eigen* zu machen. Das kann nur geschehen, wenn wir etwas dafür tun. Wir sind oft wie Menschen, die das Wort »Meißel« kennen, aber nie dazu kommen herauszufinden, was ein Meißel ist, wo man einen findet oder wie man ihn benutzt. Dies gilt besonders in Bezug auf Lehren über die Arbeit; wobei die Mehrheit der Menschen nie in Kontakt mit der Realität kommt, da sie meist völlig damit zufrieden sind, *von* der Arbeit zu wissen. Was jedoch gebraucht wird, ist wirksames Wissen. Dieses Wissen findet man nicht durch passives Verhalten, sondern durch Suchen, Fragen, Teilnehmen und Experimentieren. Man sagt uns: »Der Mensch schläft.« Vielleicht machen wir uns ein Bild davon. Es ist jedoch nutzlos, wenn wir nicht herausfinden, was dieser Satz bedeutet, indem wir uns darum bemühen, ihn für uns zu überprüfen. Niemand kann das für uns tun. Wir müssen noch empirischer vorgehen, um Verstehen zu erwerben, als der pedantischste Wissenschaftler. Rat und Anleitung mögen vielleicht vorhanden sein, aber beides kann nicht die Arbeit für uns tun. Der Vorgang, etwas von außen hereinzubringen und zu einem Teil von uns zu machen, ist schwierig zu beschreiben, unterscheidet sich aber unverwechselbar von oberflächlichem Wissen. Wenn wir das Wort »Assimilation« benutzen, um diese Linie der Arbeit zu beschreiben, knüpfen wir an die konkrete Erfahrung des Verdauungsprozesses an, durch den Nahrung zu einem Teil unseres Körpers wird. Es gibt einen großen Unterschied zwischen dem Anschauen der Fotografie eines Gerichts in einem Kochbuch und der Befriedigung durch das genossene Gericht selbst.

Manche Leute haben einen Hunger danach, es selbst wissen zu wollen, andere haben ihn nicht. Es gibt keinen Ersatz für diesen Hunger, er zeigt sich jedoch auf vielerlei Arten und in unterschiedlicher Stärke. All jene, die die Arbeit ernst nehmen wollen, müssen sich der Verpflichtung bewusst werden, das für sich selbst wirklich zu machen, was außerhalb von ihnen ist. Der »schlafende Mensch« geht durch die Welt, ohne je zu erkennen, wo er ist oder was wirklich vor sich geht. Er benutzt Werkzeuge, trifft Menschen, hört Ideen, reist in ein anderes Land, rätselt über die Zukunft – und nichts davon weiß er wirklich in seinem Inneren, er sieht nur einen Schatten. Diejenigen, die durch die Arbeit berührt werden, werden sich dieses Schlafzustandes bewusst und darum auch der Verpflichtung, in Kontakt mit der Realität zu kommen.

Bei einigen manifestiert es sich einfach als ein Bedürfnis, Fragen zu stellen. Oft genug wiederholen diese sich andauernd und sind nicht effektiv, aber es ist immerhin ein Anfang. Was dabei gebraucht wird, ist eine gewisse Naivität und Direktheit, nicht Schlauheit, die eine unerwartete Antwort nur verhindert. Wir müssen uns zu dem bekennen, was uns rätselhaft ist, und in unserer Suche nach der Realität beständig bleiben. Wir müssen uns jedoch vor den ständigen Wiederholungen eines Versuchs, der sich als nicht effektiv herausgestellt hat, in Acht nehmen und bereit sein, neuen Wegen der Fragestellung zu folgen.

Für manche ist die Bloßstellung ihrer Unwissenheit fast unerträglich und sie finden es schwer, Fragen zu stellen. Sie befinden sich in einer schwierigen Lage und werden wohl auf andere Art sehr hart arbeiten müssen, um frei zum Fragen zu werden. Es besteht immer die Versuchung, passiv zu bleiben und zu warten, bis im richtigen Moment die Antwort auftaucht. Nichts wird erscheinen, wenn wir keine Anstrengung dafür unternehmen, dass sie kommt.

In anderen Fällen geschieht ein Abweichen von dieser Linie der Arbeit, das aus einem eingebildeten Gefühl der Unfähigkeit kommt. Man stellt sich dann die nötige Arbeit vor und wird von der Vorstellung allein schon müde. Solche Menschen finden es schwierig, angesichts begrenzter Ergebnisse standhaft zu bleiben. Dazu kommt noch die Furcht, auf störende Schlussfolgerungen zu stoßen. In gewisser Weise handelt es sich hier um eine intelligente Reaktion, da die Assimilation der Welt zur Zerstörung gehegter und gepflegter Glaubensstrukturen führen muss. Desillusionierung – frei werden von diesen Glaubensstrukturen – ist ein wesentlicher Teil der Arbeit.

Die erste Linie der Arbeit ist in uns erwacht, wenn wir gewahr werden, dass *die Zeit verstreicht.* Was haben wir gesehen? Was haben wir verstanden? Wo sind wir? Wir werden gewahr, dass im Strom der Ereignisse Arbeitsmaterial in uns hineinkommt und uns wieder verlässt; wir haben Erlebnisse, wir stoßen auf unserem Weg auf Wissen und Menschen, aber *nichts geschieht mit uns.* Wir könnten genauso gut nicht da sein. Die »Empfindungsübung«[11] ist hier sehr angebracht. Wir sind bei einer Lesung oder einem Vortrag und unsere Aufmerksamkeit schweift ab, oder wir arbeiten im Garten und verfallen in Tagträume. Wenn wir uns selbst empfinden können, sind wir zumindest in unserem Körper gegenwärtig. Es ist ein fester Halt in der Realität. Ohne die Gegenwärtigkeit, die uns die Empfindung geben kann, sind wir nicht im Hier und Jetzt, so dass nichts mit uns geschehen kann.

Aber wir werden uns nicht nach dem Realen *ausstrecken,* wenn wir uns nicht darüber klar sind, dass etwas in uns fehlt. Dies ist eine Sache des Gefühls: Fühle ich, dass ich weder mein eigenes

11. Die »Empfindungsübung« ist Teil einer Reihe von Übungen zur Stärkung und Umwandlung innerer Energien, wie sie Gurdjieff vermittelt hat.

Verstehen noch meine eigene Überzeugung von etwas habe und diese doch *brauche?* Das Gefühl der Notwendigkeit kommt vom Gefühlszentrum, das den Willen hat, mit allem eins zu werden, was in unsere Erlebnissphäre eindringt. Das ist etwas ganz anderes als Identifikation. Wenn ich verschwinde oder das »Etwas«, was ich bin, verschwindet, gelange ich nicht zur Einheit, sondern erlebe eine Täuschung.

Unser Wille ist mit einbezogen. Es gibt eine gewisse Gemütsverfassung, in der wir bereit sind, einen Schritt zu machen, um etwas zu erhalten, was wir nötig haben. Wir müssen selbst die Initiative ergreifen. Das Bedürfnis entsteht, weil wir gewisse Verpflichtungen haben. Zunächst haben wir all die Pflichten als Eltern, als Bürger, im Beruf oder einfach gegenüber unserem Nächsten und gegenüber der ökologischen Ordnung des Lebens. Wir müssen für unsere Existenz bezahlen, für unsere Familie sorgen, berufliche Pflichten erfüllen und so weiter. All dies erfordert Hilfsquellen, und wir arbeiten, um diese Hilfsquellen zu erwerben.

Dies gehört zu der »ersten Disziplin«, die der Shivapuri Baba beschrieb.[12] Es ist die Disziplin, die unser Leben in dieser Welt oder den Bereich der materiellen Pflichten betrifft. Eines der Dinge, die vom Menschen verlangt werden, ist, dass er die Mittel besitzt, um seine Verpflichtungen in der Welt zu erfüllen. Dafür muss er seine Intelligenz gebrauchen. Er muss herausfinden, was verlangt wird und wie er es erhält. In diesem Sinn sind das Erwerben von ausreichendem »Wohlstand« und »Gesundheit« notwendig. Die wichtigsten Hilfsquellen sind jene, die wir in uns selbst herstellen. Ein Musterbeispiel dafür ist, wie ein Kind Laufen, Denken und Sprechen lernt. All dieses wird gelernt, indem etwas, was außerhalb des Kindes ist, nach innen gebracht wird. Das Gleiche gilt für alle handwerklichen Fertigkeiten, die wir uns aneignen können. Das Erlernen von Fertigkeiten ist ein echter Bestandteil der Arbeit, auch wenn es für einige eine leichte und natürliche Sache ist. Im Bereich unserer beruflichen Fertigkeiten haben wir die Pflicht, unsere Fähigkeiten zu verbessern und zu vervollkommnen.

Der Shivapuri Baba benutzte den Begriff »Gewandtheit«, wenn er sich darauf bezog, was bei praktischem Handeln benötigt wird.

12. Govindananda Bharati, genannt Shivapuri Baba (1826–1963), war ein indischer Heiliger und unter anderem ein Lehrer von Bennett. Siehe JOHN G. BENNETT: *Eine lange Pilgerreise – Leben und Lehre des Shivapuri Baba.* Südergellersen: Verlag Bruno Martin, 1985.

Er bestand darauf, dass die Intelligenz benutzt werden muss, um die Geschicklichkeit zu verbessern. Heute machen wir Tee. Er ist besser als gestern, aber noch nicht ganz richtig. Morgen werden wir ihn besser machen. Darin zeigt sich das Wirken der Intelligenz.

Um diese Linie der Arbeit von einer anderen Seite zu betrachten, bedienen wir uns der Worte Gurdjieffs über das »dritte obligolnische Streben«, das heißt, danach zu streben, »immer mehr und mehr über die Gesetze der Welterschaffung und Welterhaltung zu lernen.« Wir können nichts wirksam tun, ohne etwas darüber zu wissen, wie die Welt funktioniert. Mohammed sagt: »Suche Wissen, sogar in China«, und in seinen Tagen war China unglaublich fern, so weit entfernt, dass es zu einem Symbol für ein tiefes Stadium der Meditation wurde. Wir müssen unbedingt die Enge unseres Sichtfeldes überwinden und dürfen Fragen über die Struktur des Universums oder über Ereignisse in der fernsten Vergangenheit nicht als für unsere eigene Lage unangebracht ansehen.

Wir sollten es ernst nehmen, dass für Gurdjieff das Studium der Kosmologie und der kosmischen Gesetze genauso fundamental war wie das Studium der menschlichen Psychologie. Er bemühte sich sehr, die Menschen dazu zu bringen, Wissen über die Strukturen der Energietransformation und von Wirkungsabläufen – zum Beispiel anhand des »Gesetzes der drei Kräfte«, des Oktavengesetzes und des Enneagramms – zu assimilieren. Gurdjieffs Lehrmethode ist dabei wichtig. Er stellte die Dinge absichtlich unvollständig dar, so dass die Zuhörer daran weiterarbeiten mussten. Er weigerte sich, Vorträge zu wiederholen und jenseits eines bestimmten Punktes noch Erklärungen abzugeben, da dies die Studenten zu passiv gemacht hätte. Eine andere Methode besteht darin, die Menschen mit einem derartigen Reichtum an Material zu konfrontieren, dass sie gezwungen sind zu arbeiten, um irgendetwas daraus zu machen. Sie müssen dabei die Barrieren der Ablehnung überwinden, die sich aufbauen, wenn die dargestellten Ideen jenseits der Erfahrung zu liegen scheinen.

Es führt kein Weg an der Tatsache vorbei, dass echtes Wissen ein Wissen des Ganzen ist. Gurdjieff drückte es so aus: Wissen heißt, *alles* zu wissen; nicht alles wissen heißt, *nichts* zu wissen. Um alles zu wissen, braucht man notwendigerweise nur wenig zu wissen, aber um dieses Wenige zu wissen, ist es zunächst einmal notwendig, ziemlich viel zu wissen.

Die Ergänzung dazu ist das Verfolgen einer einzigen Frage bis zu ihrem Ende. Gurdjieff stellte sich selbst die Aufgabe, die Antwort auf die Frage zu finden: »Was ist der Sinn und die Absicht des Lebens, insbesondere des menschlichen Lebens auf der Erde?« Jahrelang verfolgte er diese Frage und empfand jede erreichbare Antwort als unzulänglich. Schließlich kam er dabei zu etwas. Wenn wir fähig dazu wären, uns wirklich dahin zu bringen, *alles* über eine Sache herausfinden zu wollen, würden wir transformiert werden. Es gibt überall um uns herum Geheimnisse, sogar in dem einfachsten Stückchen Material und seinen Eigenschaften, und wenn wir wirklich darum bitten, Wissen darüber zu erlangen, wird die große Natur zur richtigen Zeit unsere Lehrerin werden und uns wichtige, großartige Sachverhalte enthüllen. Aber wir können uns nicht auf etwas aus zweiter Hand verlassen. Wir müssen uns dazu bringen, selbst zu sehen – und zwar so zu sehen, wie es noch niemand anderer gesehen hat.

Ein Musterbeispiel dieser Arbeit finden wir im Lesen: Wir müssen herausfinden, was von Bedeutung ist, und müssen fähig sein zu erkennen, was wir nicht sehen. Wir müssen fragen: »Kann ich dies unverdaut, unassimiliert lassen? Etwas ist mir hier entwischt!« Wir dürfen Dinge nicht an uns vorüberziehen lassen. Wenn wir einem Vortrag zuhören, haben wir die Verpflichtung, wachsam zu sein. Wir sollten nicht einfach nur die Tür öffnen, sondern müssen an der Schwelle wach sein und hineingehen und uns umschauen. Ansonsten werden wir uns in der Lage befinden, dass wir etwas in einem Raum tun wollen, den wir nie betreten haben. Bis zu einem gewissen Grad müssen wir wissen, was wir tun.

Es ist nicht von Bedeutung, ob es sich um körperliches, gefühlsbasiertes oder verstandesmäßiges Wissen handelt oder um ein tiefes Verstehen des Lebens. Das alles gehört zu dieser ersten Linie der Arbeit. Wir müssen fragen, zuhören, suchen und arbeiten. Etwas, was uns diese erste Linie der Arbeit nicht bringt, ist eine Änderung unseres Seins und Wesens. Stattdessen bringt sie eine veränderte Beziehung zwischen uns und der Welt zustande, wodurch andere Ereignisse möglich werden. Am Anfang geht es darum, das nötige Wissen zu erwerben, um überhaupt anfangen zu können. Was wird über die Natur des menschlichen Lebens gelehrt? Wie sieht die Welt aus? Was tun die Menschen, wenn sie arbeiten? In dieser ersten Linie geht äußerliches Wissen in Selbsterfahrung über. Schließlich beinhaltet sie den Vorgang, durch den wir über die Unterscheidung von Selbst und Welt hinausgelangen und den Punkt erreichen, wo wir *sehen,* wie die Realität ist.

Die erste Linie der Arbeit schließt die Entwicklung höherer Wahrnehmung ein. Diese Wahrnehmungen, die mit Ereignissen jenseits der körperlichen Welt zu tun haben, fallen unter dieselben Bedingungen der Arbeit. Vereinzelt auftretende Einsichten bieten keine Grundlage für Arbeit. Die Entwicklung und die Tätigkeit höherer Organe der Wahrnehmung erfordern besondere Anstrengungen, die gelernt und geübt werden müssen.

Wir wollen die Lehre der Arbeit kennenlernen und was sie uns über den Menschen sagt. Wir wollen etwas über die Welt wissen und wie man »Dinge tut«. Aber diese Art des Wissens erfordert unaufhörliche und sogar zunehmende Aktivität von uns. Wir hören von der Existenz höherer Welten und höherer Wahrnehmungen, aber wir müssen arbeiten, um sie für uns selbst zu erkennen und zu erfahren. Wenn wir den Hinweis nicht ergreifen, ist die Gelegenheit verloren.

Gleich am Anfang müssen wir uns dem Studium der menschlichen Maschinenhaftigkeit im Allgemeinen und unserer eigenen im Besonderen widmen. Es gibt dabei viel zu überwinden, denn die Desillusionierung, die uns bei dieser Aufgabe droht, kann sehr stark sein. Wir müssen uns vornehmen, dieses Studium durchzuhalten und unsere eigene Situation zu erkennen.

Letzen Endes betrifft die erste Linie der Arbeit die Assimilation von nur sehr wenigen Tatsachen. Die vielleicht wichtigste davon ist, dass wir sterben werden. Die Tatsache unseres eigenen sicheren Todes und des Todes eines jeden, den wir kennen, wurde von Gurdjieff als *der Weg* zur Ausschaltung von Selbstliebe, Eitelkeit und Hass auf andere bezeichnet. Die Gewissheit des Todes führt zur Läuterung von diesen Eigenschaften, die wie ein Fluch auf unserem Leben liegen.

Auszüge aus Gesprächen[13]

J.G.B.: »Eines der ersten Dinge, über die ich sprach, war die *Aufmerksamkeit.* Ich sagte, dass die Aufmerksamkeit das Instrument ist, mit dem wir zu beginnen haben. Und wir beginnen nun das

13. Hierbei handelt es sich um Transkriptionen von Tonbandaufnahmen, die lediglich insoweit redigiert wurden, als es für die Klarheit der Bedeutung in unserem Zusammenhang wichtig ist.

Studium dieser Arbeitsweisen, wobei es in erster Linie wichtig ist, Ihre Aufmerksamkeit dahin zu bringen, das Gesagte auf Sie wirken zu lassen. Ohne die Schaffung dieses ersten Kontakts können wir nicht beginnen. Dabei handelt es sich um etwas, was durchaus in Ihrer Kraft liegt. Ihre Kraft ist begrenzt, aber sie ist vorhanden und es steht Ihnen frei, mir zuzuhören und zu begreifen. Wenn ich mich nun auf eine Weise verhielte, die Sie zur Aufmerksamkeit zwingen würde – zum Beispiel indem ich im Kopfstand weiterreden oder fürchterliche Grimassen schneiden oder Witze reißen würde –, dann wäre das nicht mehr als ein unterhaltsames Spiel, das Sie nicht weiterbringen könnte, weil wir daran gewöhnt sind, unterhalten zu werden und dabei passiv zu bleiben. Es ist einer der Flüche des modernen Lebens, dass viele Dinge für den Menschen so eingerichtet sind, dass er die Möglichkeit hat, völlig passiv zu bleiben. Dinge wie Radio, Fernsehen und alle möglichen Veranstaltungen sind bewusst oder unbewusst so eingerichtet, den Leuten die Eigeninitiative fortzunehmen und sie passiv zu machen. Wir haben es hier mit der alten Devise des Römischen Reiches zu tun: Brot und Spiele. Gib den Leuten Brot, und sie werden sich nicht um die Arbeit reißen; gibt ihnen Zirkusspiele, und sie werden aufhören, neugierig zu sein und Fragen zu stellen, die darauf gerichtet sind zu erfahren, wie es im Reich zugeht. Das Gleiche ereignet sich heute. Sie sollten verstehen, dass die Arbeit mit einer aktiven Bewegung beginnen muss, die von uns selbst ausgeht. Ich versuche nicht, Ihr Interesse durch die Art meines Vortrags anzuregen. Ich versuche, die Dinge klar darzustellen, aber ich baue darauf, dass Sie die notwendige Aufmerksamkeit aufbringen, um zu verstehen, was ich sage.

Diese Art der Arbeit, bei der man seine Aufmerksamkeit dazu benutzt, sich etwas anzueignen, etwas, was man benötigt, gehört zu der ersten Linie, über die ich spreche. Sie beinhaltet jede Art des Studiums. Wenn wir etwas lernen sollen, müssen wir aktiv sein, um es assimilieren zu können. Wir müssen dann vom Studium äußerer Dinge zum Studium unserer selbst übergehen. Dabei handelt es sich aber immer noch um die gleiche Arbeit.

Zunächst stellt man Ihnen alles als Theorie dar, was vielleicht mit Hilfe von Diagrammen geschieht, die erklären, dass der Mensch drei Zentren hat, und man erzählt Ihnen etwas über die Funktionen dieser drei Zentren. Dann verlangt man von Ihnen, dieses Wissen zu verifizieren, bis Sie wirklich davon überzeugt sind, dass wir dreihirnige Wesen sind. Das beinhaltet einen ganzen Transformationsprozess, der mit einer reinen Idee beginnt und schließlich zur gelebten Erfahrung wird. Sobald Sie wahrzunehmen beginnen, dass Sie wirklich ein dreihirniges Wesen sind, hat sich etwas verändert: Sie haben sich selbst verstanden und mit dem Verstehen Ihrer selbst auch alle anderen menschlichen Wesen auf realistischere Weise verstehen gelernt, als wenn Sie den Menschen einfach als Körper oder Seele betrachten.«

J.G.B.: »Wir müssen zuhören, aufnehmen, ausprobieren und wirklich herausfinden, ob etwas stimmt. Auf diese Weise wird das, was zunächst nur abstrakte Information von außen war, assimiliert und findet Eingang in uns. Zuerst wird es *Wissen* und dann *Verstehen,* so dass wir schließlich dazu in der Lage sind, mit dem Wissen zu leben, dass wir Maschinen sind und nichts von uns aus tun können. Wenn wir zum ersten Mal mit dieser Idee konfrontiert werden, da bin ich mir sicher, kann *keiner* – abgesehen von sehr seltenen Wesen – sofort sehen, dass das eine vollständige Abkehr von all jenem erfordert, was wir über uns selbst und über Menschen im Allgemeinen denken. Aber es steckt eine Kraft in dieser Art des Wissens, und sie wird auf uns zu wirken beginnen. Teilweise kommt es dann zu einer Umsetzung dieser Kraft in einem Prozess, der von der Aufmerksamkeit über die Verifikation und Praxis zum Verstehen führt.

Dann gibt es noch einen anderen Weg, bei dem wir etwas von außen in uns hereinnehmen: den Weg, bei dem wir *Fertigkeiten* lernen und der, wie Sie wissen, einen beachtlichen Teil dessen darstellt, was wir hier [in Sherborne] tun, weil das die erste Linie der Arbeit in uns etabliert. Sie gehen in die Töpferei und R. zeigt Ihnen etwas über den Ton. Sie müssen dabei aufmerksam zuhören, dann müssen Sie eine Empfindung in Ihre Finger bringen und ein Gefühl für den Ton entwickeln. Nichts wird zu Ihrem Verständnis dieses elastischen Materials führen, solange Sie nicht wissen, wie Sie damit umzugehen haben. So haben Sie dann, ohne es eigentlich zu merken, etwas über die Energien der materiellen Welt gelernt.«

J.G.B.: »Es gibt viele Grade des *Zuhörens:* mit den Ohren zuhören, Klänge hören oder auf die inneren Schwingungen hören, Bedeutungen heraushören. Es gibt eine Art des Zuhörens, die auf das

Nichthörbare hört. Wenn man wirklich aufpasst, hört man zu – wartet ab und ist aufmerksam. Um welche Art des Zuhörens es sich aber auch handeln mag, sie alle haben eines gemeinsam: Zuhören öffnet die Tür, damit etwas hereingelangen kann. Wenn wir nicht zuhören können, ist jene Tür geschlossen. Die Tür der Ohren mag offen sein, die des Geistes jedoch zu. Die Tür des Herzens mag offen sein, die der Seele jedoch geschlossen. Sich-Einfühlen kann ebenfalls Zuhören sein. Ganz allgemein gesprochen: Zuhören und Hören ändern die Dinge an sich nicht, sind aber nötig.«

J.G.B.: »Sie müssen verstehen, dass, falls Sie *Aktivität* für etwas halten, was das Gegenteil einer passiven Haltung ist, und Passivität für das Gegenteil von Aktivität, Sie den Punkt, um den es hier geht, nicht begreifen. Das Wort ›aktiv‹ bedeutet hier nicht geschäftige Aktivität, sondern etwas mehr als das. Es schließt Initiative ein und auch einen gewissen Anteil an Intelligenz, denn in Wahrheit ist Arbeit ohne Intelligenz keine wirkliche Arbeit. Es gehört schon etwas Intelligenz dazu. Gurdjieff sagte zum Beispiel: ›Ein Esel arbeitet wesentlich besser als Sie. Er arbeitet ehrbarer, er tut mehr, er kann mehr tragen. Wenn Sie auf diese Weise arbeiten, ziehe ich es vor, Esel in meiner Schule zu haben, statt Sie.‹ Verstehen Sie, was er damit sagen wollte? Tatsache ist, dass es sich bei einem Esel um ein sehr ehrbares Tier handelt: Menschliche Wesen sind etwas ziemlich anderes. Sie haben unseren Esel hier [in Sherborne] gesehen, der sein Bestes tut, unseren Wagen zu ziehen, obwohl er es nicht gewöhnt war. Nachdem er einmal erkannt hatte, dass der Wagen gezogen werden musste, bot er alle Kraft auf. Einmal, als er ein Stück Holz zu ziehen hatte, bemerkte ich, dass er absolut keine Ahnung hatte, was los war... Aber es hieße, in einer sehr dümmlichen Weise zu argumentieren, wenn man sagen wollte, dass der Esel ›arbeitet‹, wenn er doch auf völlig passive Weise etwas verrichtet, was in seiner Natur liegt. Dahingegen sprechen wir hier aber über etwas, das im Begriff ist, unsere Natur zu verändern und etwas mit uns zu tun. Das erfordert einige Mitwirkung von uns.«

J.G.B.: »Wo haben wir die Tätigkeit der *Nahrungsaufnahme* einzuordnen? Unter welcher der sieben Linien sollte man das Essen unterbringen? Es ist ein Teil der Arbeit. Tatsächlich bezeichnet Gurdjieff es als das ›erste Streben‹: das Streben, auf befriedigende Weise alles zum Unterhalt des planetarischen Körpers wirklich Notwendige zu erhalten. Wo sonst, als in der ersten Linie, könnte es also von unserem gegenwärtigen Gesichtspunkt her untergebracht werden? Besteht ein wirklicher Unterschied zwischen der Sorge um körperliche und um geistige Nahrung? Spielen beide nicht eine ähnliche Rolle, indem sie uns Material aufnehmen lassen, das es uns ermöglicht, zu arbeiten und uns zu transformieren? Und wenn dem so ist, kann man dann das *Atmen* nicht auch hier einordnen? Ich meine Ja. Ich denke, was die erste Linie charakterisiert, ist unsere Initiative, das in uns aufzunehmen, was für unsere Existenz und unsere Erfüllung notwendig ist.«

J.G.B.: »Obwohl wir dabei nicht bewusst sind, muss unser Körper sehr aktiv sein, um die *Nahrung* zu verdauen. Der Körper übermittelt die aktive Kraft: die Verdauungssäfte, die die Nahrung bearbeiten. Wir müssen arbeiten, um das in uns aufzunehmen, was für uns notwendig ist; das fällt unter die Aktivseite. In *Beelzebubs Erzählungen* benutzt Gurdjieff das Wort ›transsubstanziieren‹ sehr oft. Er sagt zu Hassin: ›Nun transsubstanziiere, was ich dir gesagt habe.‹ Das ist ein merkwürdiges Wort, weil es auch die Verwandlung der Elemente in Leib und Blut Jesu Christi beim Abendmahl bezeichnet. Aus irgendeinem Grund verwendet Gurdjieff dieses Wort, um die Idee von der Verwandlung der Natur zu vermitteln.«

J.G.B.: »Wo wird das *Atmen* zur aktiven Arbeit? Sobald wir das aktive Element des Atems extrahieren, es in uns hereinnehmen und uns zu eigen machen. Diese Art der Atemtechnik empfiehlt Gurdjieff, während er andere ablehnt. Der Unterschied liegt darin, dass wir bei dieser Art der Atemübung aktiv sind, die aktiven Elemente der Luft assimilieren und in uns einbauen. Wenn man bewusst isst, verhält man sich der *Nahrung* gegenüber aktiv. Der Unterschied ist von Bedeutung, denn wenn wir bewusst essen, ereignet sich etwas Zusätzliches im Vergleich zum passiven, automatischen Essen. Es ist unwahrscheinlich schwer, sich daran zu erinnern, das zu tun. Und es hilft, uns davon zu überzeugen, dass Essen tatsächlich eine Form der Arbeit ist, und zwar in einer aktiven Form. Wenn wir uns den ganzen Prozess des Essens ansehen, einschließlich der Zubereitung, und dann wirklich bewusst essen, wird das Ganze zu einem Akt der Arbeit, der die Definition auf befriedigende Weise erfüllt: etwas aktiv von außen in sich hereinzunehmen und es sich zu eigen zu machen. Und sicher erfasst das Wort ›Assimilation‹

recht gut, was damit gemeint ist. Sogar während wir noch das Essen zubereiten, tun wir bereits etwas, um es uns zu eigen zu machen.«

J.G.B.: »Wo ist *Kontemplation* unterzubringen? Wohin gehört sie? Zwischen den Kampf mit sich selbst und der Transformation von Energien, unter den Willen. Was könnte als ›Vorbereitung zur Kontemplation‹ bezeichnet werden? Wir haben bereits etwas erwähnt, was genau dem entspricht. Was tun Sie, wenn Sie kontemplieren? Sie schauen auf etwas. Sie schauen auf die Erfahrung, die sich in Ihnen ereignet, und ziehen Vergleiche und machen Gegenüberstellungen mit ähnlichen Erfahrungen. Der Anfang dazu ist *Selbstbeobachtung.* Selbstbeobachtung bedeutet, sich selbst zu betrachten und sich mit Hilfe dessen, was man gelernt hat, zu sehen. Selbstbeobachtung beginnt damit, dass wir etwas über den Menschen, seine Funktionszentren, seine Bewusstheit und so weiter hören. Und wenn wir diese Dinge überprüfen, lernen wir, uns selbst unter Bedingungen größerer Bewusstheit oder mit mehr Aufmerksamkeit zu betrachten, so dass es kein reines Denken über sich selbst bleibt und zu echter Selbsterfahrung wird. Und das führt weiter zur Kontemplation. Es ist wichtig, sich darüber klarzuwerden, dass Kontemplation keine ›bessere Meditation‹ ist. Gurdjieff sah als Ergebnis der Kontemplation, dass wir eine Grundlage des Verstehens in uns gewinnen. Kontemplation ist ein Mittel, um sich selbst zu verstehen. Sie hängt von den eigenen Erfahrungen, eigener Arbeit und der Qualität der eigenen Arbeit ab. Sie ist der Endpunkt dieses Prozesses, ein Verständnis über sich zu gewinnen, ein ›Wesensverständnis‹, wie Gurdjieff es nannte.«

J.G.B.: »Sprechen Sie über die Stopp-Übung? Die *Stopp-Übung* dient hauptsächlich dazu, uns selbst besser sehen zu können. Ich habe hier einen Zwischenraum gelassen,[14] um die Stopp-Übung zwischen Selbstbeobachtung und Kontemplation einzufügen, denn die Stopp-Übung hat den Zweck, dass wir durch einen Au-

14. John G. Bennett schrieb die Bezeichnungen verschiedener Übungen an die Tafel und verknüpfte sie mit den sieben Linien der Arbeit. Bei Gurdjieffs berühmter Stopp-Übung musste auf ein plötzliches Signal hin »jeder, der sich in Hörweite befand, in seiner Bewegung erstarren. Zuerst musste sich der Blick an das Objekt heften, das er gerade anfasste. Der Körper musste genau in der Stellung verharren, die er beim Stopp-Ruf gerade hatte, und der Gedanke, der gerade ge-

genblick der intensiven Selbstbeobachtung zur Möglichkeit der Kontemplation kommen können. Das führt eventuell zu einer Wahrnehmung der spirituellen Welt jenseits denksinnlicher Wahrnehmungen.«

J.G.B.: »Dann gibt es auch den Weg des *Fragens:* ›Wer bin ich?‹, ›Ist es dieser Körper?‹, ›Ist es dieses Bewusstsein?‹ und so weiter. Wenn man das kompromisslos weiterverfolgt, führt es schließlich zur Vision Gottes.«

J.G.B.: »Der Shivapuri Baba sagte: ›Schaue Gott, und du weißt alles.‹ Ich möchte damit sagen, dass es gewisse Dinge gibt, die zunächst eher elementar erscheinen und, obwohl sie schwierig sind, durchaus innerhalb unserer Kräfte liegen.«

J.G.B.: »Wir haben kürzlich einige Kontemplationsexperimente gemacht. *Kontemplation* ist ein äußerlich passiver Zustand, weil unsere äußere Aktivität stillsteht, aber innerlich ist sie ein sehr aktiver Zustand. Deshalb ist sie das Gegenteil von Meditation. Wenn wir die Bedeutung einer Erfahrung sehen wollen, müssen wir die Entschlossenheit dazu besitzen, uns alles bewusst zu machen, was zu einem Verständnis beitragen kann. Und überdies haben wir in einem Zustand der Empfangsbereitschaft zu sein, der nur aus der Arbeit an uns selbst kommen kann. Deshalb ist es unmöglich, Menschen mit der Kontemplation bekanntzumachen, bevor ihre Arbeit ausreichend aktiv geworden ist.«

J.G.B.: »Gurdjieff gibt eine sehr vorsichtige Definition dessen, was Kontemplation ist: Aiessirittoorassnian-Kontemplation. Er sagt hiermit, dass sie mit einer starken Erfahrung beginnt, mit dem tatsächlichen Erfahren dieses Augenblicks. Und er sagt weiter, dass wir dieses dann mit ähnlichen starken Erfahrungen vergleichen sollen. Das ist nur möglich, wenn wir uns selbst in einem aktiven Zustand befinden, das heißt, wenn wir an uns selbst arbeiten.

dacht wurde, musste festgehalten werden. Der Stopp konnte einige Sekunden, aber auch fünf, zehn Minuten und länger dauern. Die Haltung konnte schmerzhaft oder sogar gefährlich sein, aber wer ehrlich und gewissenhaft war, unternahm nichts, um seine Lage zu erleichtern. Wenn das Kommando *Davai!* ertönte, machten wir da weiter, wo wir aufgehört hatten« (aus John G. Bennett: *Das Durchqueren des großen Wassers.* Xanten: Chalice Verlag, 2011. Seite 162).

Diese Art der Kontemplation ist nicht möglich für Menschen, die nicht an sich selbst arbeiten.«

J.G.B.: »Tod? Als ein Gegenstand der Arbeit? Es gibt die Kontemplation des Todes. Es gibt die Bewusstheit der Sterblichkeit. In *Beelzebubs Erzählungen* heißt es, dass nur die beständige Bewusstheit der Unvermeidlichkeit des Todes uns von den Folgen des Organs Kundabuffer befreien kann.«[15]

15. »Wir sind [mit der niedrigsten der verschiedenen Welten, der ›Welt der Täuschung‹, die allen psychologischen Problemen zugrunde liegt] durch etwas verbunden, was Gurdjieff die ›kristallisierten Folgen der Eigenschaften des Organs Kundabuffer‹ nennt. Gurdjieff stellt die Hypothese auf, dass dem Menschen in früheren, prähistorischen Zeiten ein bestimmtes Organ eingepflanzt wurde, das ihn zwang, die Realität ›verkehrt herum‹ zu sehen. Diese Operation hielt ›man‹ für notwendig, weil die menschliche Evolution angehalten werden sollte, und hätten die Menschen dies erkannt, dann wäre es zur Revolte gekommen. Das Organ wurde später wieder herausgenommen, doch zu dieser Zeit hatten sich bereits gewisse Lebensbedingungen verfestigt, welche die Folgen von Kundabuffer aufrechterhielten. Die ›kristallisierten Folgen‹ von Kundabuffer sind die Impulse in uns, die im eigentlichen Sinn menschenunwürdig sind, wie Selbstliebe, Eitelkeit, Angeberei, List und so weiter. Leben wir in diesem Zustand der Täuschung, dann dient unser Leben nur dem Vergnügen. Sobald unser Vergnügen unterbrochen wird, werden wir zur Beute verschiedener negativer Emotionen, die uns dazu bringen, uns selbst völlig zu verlieren« [aus John G. Bennett: *Die inneren Welten des Menschen.* Zürich: Chalice Verlag, 2009. Seite 168].

Die zweite Linie der Arbeit: Innerer Kampf

Affirmativ in sich selbst

DURCH DIE ERSTE LINIE DER ARBEIT KÖNNEN WIR ETWAS über uns selbst herausfinden. Wir können am eigenen Beispiel das Mechanische unseres Lebens erkennen. Wir können zur Einsicht gelangen, dass wir eine höhere und eine niedere Natur haben. Wir können die verschiedenen Formen entdecken, mit denen wir uns selbst betrügen. Wir können unsere Schwächen kennenlernen. Aber all das führt zu nichts, es sei denn, wir tun etwas dagegen. Wenn wir uns mit dem Wissen über diese Dinge zufriedengeben, werden wir uns nicht verändern.

Der Kampf mit unseren Schwächen ist das Wesen der Arbeit an sich selbst. Es ist dieser Kampf, der uns mit der Energie versorgt, die wir als Wesensnahrung benötigen. Alles, was über die Anstrengung gesagt wurde, gehört hierher.

Das wichtigste Prinzip dafür ist der Wettkampf zwischen den bejahenden und verneinenden Kräften in uns. Eine Hälfte sagt Ja, die andere Nein. Das Ergebnis ist unklar, denn wir haben in keiner Weise eine Garantie für einen Erfolg, den wir als solchen erkennen könnten. Diese Unsicherheit ist fundamental, denn in Wirklichkeit öffnet sie den Weg zu den tieferen Seinsaspekten jenseits der relativen, oberflächlichen Stärke, die wir zum Beispiel mit der Kontrolle über unser Essen oder unsere Faulheit erreichen können. Diese Unsicherheit reicht bis in das Zentrum unseres Wesens, wo wir schließlich mit der Notwendigkeit konfrontiert werden, unseren Egoismus aufzugeben.

Wir dürfen nicht vergessen, dass der Widerstand in uns ein Teil der Wirklichkeit ist und richtigerweise auch als »heilige Verneinung« bezeichnet werden kann, wie Gurdjieff es ausdrückte. Ohne das Element der Verneinung kann es nicht zur Triade kommen und könnte es auch keine Arbeit geben. Alle Aktivität fällt unter das Gesetz der Dreiheit, und jede der drei Kräfte – bejahend, rezeptiv und versöhnend – ist erforderlich.

Wir sollten uns auch darüber klar werden, dass der Mensch nicht die eigentliche Quelle der bejahenden Kraft ist, wenn es auch in seiner Natur liegt, diese Kraft zu *vermitteln.* Es wäre nicht allzu weit von der Wahrheit entfernt zu sagen, dass alles, was der Mensch tatsächlich darstellt, Verneinung ist: Dies ist das Merkmal der Tatsächlichkeit (*actuality*). Das höhere Wesen des Menschen liegt im Bereich der Möglichkeiten (*potentiality*), in der Ewigkeit, und nimmt die bejahende Rolle als Gegenstück zur niederen Natur ein, die in Raum und Zeit verankert ist.

Kampf ist möglich, wenn wir innerlich zwei Seiten erfahren. Zuneigung und Abneigung ziehen uns in verschiedene Richtungen – das entspricht der niederen Natur –, aber wir können uns darüber bewusst werden, dass wir gezogen werden. Diese Erkenntnis ist die Tür zu unserem höheren Selbst. Wir sind uns dann bewusst, dass es etwas in uns gibt, das die Möglichkeit hat, frei von Zuneigung und Abneigung zu sein. In diesem Moment haben wir eine Gelegenheit: Wir können vom Zustand des reinen Beobachtens dessen, was vor sich geht, in einen Zustand hinüberwechseln, der es uns ermöglicht, etwas zu ändern. Wir sagen uns: »Ich will kein Sklave von Zuneigung und Abneigung sein, ich bringe mich in Kontakt mit der Kraft, die darübersteht. Ich wünsche mir, auf eine erfülltere Weise zu leben.« Wenn wir richtig vorgehen, sind wir plötzlich zwischen Bejahung und Verneinung ›gefangen‹: Beide sind vollkommen wirklich und Teile unserer selbst. Manchmal ist das schwierig auszuhalten und wir möchten vor dieser Spannung fliehen. Manchmal entwickelt es sich auf überraschende Weise leicht, denn wir haben die Autorität unseres inneren Willens angerufen, beziehungsweise unser wirkliches Ich. Das energetische Ergebnis ist dem sehr gleich: ein versöhnendes Resultat, welches es uns *ermöglicht zu sein.*

Als Madame Sophie Ouspensky einmal gebeten wurde, »Sein« zu definieren, beschrieb sie es als »die Fähigkeit zu ertragen«. Das ist wohl die bestmögliche Definition. Den Kampf zwischen Ja und Nein in uns zu ertragen, ist auch der Weg, der uns in die Lage versetzt *zu sein.*

Der Shivapuri Baba sprach fast auf die gleiche Weise darüber. In seinen Worten ist es nötig, dass wir eine *starke psychische Stabilität* entwickeln. Es ist symptomatisch für ein schwaches Sein, dass es zum Gegenstand von Zuneigung oder Abneigung wird. Ein schwaches Sein steht unter dem Einfluss der niederen Natur. Eine starke Seele entwickelt sich durch die Kultivierung der höheren Natur.

Die höhere Natur bedarf der Übung, bedarf der aktiven Nachhilfe, durch die sie in ihre affirmative Rolle über die niedere Natur eingesetzt wird. Der Funktionsmechanismus der niederen Natur ist dazu da, benutzt zu werden, und sollte nicht die aktive Rolle spielen. Der Mechanismus von Zuneigung und Abneigung bleibt erhalten: Er ist für die Erzeugung von Energien in uns notwendig, die wir für die Arbeit benötigen, und entsteht aus dem Kontakt zwischen uns und der Welt. Wenn die höhere Natur das Kommando übernommen hat, kommt eine feinere Energie ins Spiel. Solange die niederen Energien regieren, gehen sie in Reaktionen verloren: Wir lehnen es ab, die Arbeit zu tun, die wir nicht mögen, wir essen nur die Nahrung, deren Geschmack wir mögen, und so weiter.

Wenn die auftretenden Reaktionen sehr stark sind – wenn sie zum Beispiel auf der emotionalen Ebene ablaufen –, müssen wir uns selbst helfen durch Empfinden des Körpers, durch Atmen oder Anrufen höherer Kräfte. Im Kampf mit uns selbst müssen wir intelligent vorgehen. Denn einfach die Negativität zu unterdrücken, ist von geringem Wert. Es bedarf einiger Erfahrung, um fähig zu sein, negative Emotionen umzuwandeln. Die Bedingung, negative Emotionen weder auszudrücken noch anderweitig zu manifestieren, ist in der Tat sehr wichtig; aber das damit verbundene innere Leiden ist schwer auszuhalten, solange wir nicht gelernt haben, auf die Affirmation des höheren Selbsts ›umzuschalten‹. Unser wahres Selbst ist jenseits des Bewusstseins, und wir gelangen nur graduell zu dem Punkt, wo wir einen Kanal öffnen können, durch den die höheren Einflüsse in uns einströmen können. Ein Teil davon ist manchmal ein harter und schmerzlicher Kampf.

Arbeit macht Arbeit möglich. Alles, was wir ertragen können, befähigt uns, umso besser zu arbeiten, und ist Arbeit. Gelegenheiten, das zu verwirklichen, sind im Überfluss vorhanden, wenn wir sie sehen können. Besonders wichtig sind dabei jene Gelegenheiten, die Gurdjieff bezeichnet als: »die unangenehmen Manifestationen anderer ertragen.« Dies beschreibt eine Arbeit, die er als wesentliche Grundlage angesehen hat. Jemand kritisiert uns, und wir möchten uns rechtfertigen und nicht im Unrecht verbleiben. Ein anderer benutzt uns als Möglichkeit, um vor anderen zu glänzen, und wir fühlen uns betrogen. Wieder ein anderer sagt uns, dass wir eine Arbeit auf eine Weise erledigen sollen, die sich von unserer Art unterscheidet, und wir werden ärgerlich. Ein großer Teil des Lebens besteht aus der Beschäftigung, die unangenehmen Manifestationen anderer nicht zu ertragen und emotional negativ darauf zu reagieren, sich zu rechtfertigen oder andere zu kritisieren und so weiter, was die Misere nur verschlimmert. Sobald wir aber ertragen können, arbeiten wir nicht nur für uns, sondern für alle, und wir tun etwas zur Entgiftung der Gesellschaft von Selbstliebe und Eitelkeit, mit denen sie durchsetzt ist.

Bis jetzt haben wir aber kaum das ganze Feld dieser Arbeitslinie besprochen. Wenn die Verneinung an die Oberfläche kommt, können wir den Kampf aufnehmen. Dieses Hochkommen wird manchmal absichtlich herbeigeführt, wie zum Beispiel beim Fasten. Wir wissen, dass durch Nichtessen eine Spannung in uns entsteht, wir *wollen* essen, ausruhen, träumen und so weiter. Sehr starke Energien in uns sind mit dem Essen verknüpft, und weil sie so stark sind, können wir sie für uns nutzen. Aber es gibt intelligente und weniger intelligente Wege, damit umzugehen. Viele Menschen fasten auf eine Weise, die in die Negativität führt – obwohl auch das dann wiederum zu weiterer Arbeit führen könnte –, oder sie fasten auf eine Weise, die ihr Ego aufbläht. Es ist mehr dadurch zu erreichen, nur *einen* Tag lang zu fasten als drei Tage lang – vorausgesetzt, wir gehen intelligent an die Sache heran.

Alles hängt davon ab, inwieweit wir es schaffen, den Körper zu erziehen, positiv am Fasten teilzunehmen, statt ihn einem heftigen Schock auszusetzen, der dadurch entsteht, dass es zu einem plötzlichen Abbruch gewohnter Verhaltensweisen kommt. Wenn man dazu fähig ist, mit Verstand zu fasten, wird es möglich zu sagen: »Zur Hölle mit dem Fasten!« und sich Aufgaben zu widmen, die mit Hilfe der freigewordenen Energie gelöst werden können. Selbstverneinung ist ein wichtiger Weg, um Energien für die Arbeit freizusetzen.

In *Beelzebubs Erzählungen* schreibt Gurdjieff mehrfach, dass der physische Körper die verneinende Kraft überträgt und dass die Entwicklung der höheren Seinskörper es verlangt, den Körper einer gewissen Entbehrung auszusetzen. Das heißt nicht, dass die Triebe und Bedürfnisse des Körpers schlecht wären. Doch es bedeutet, dass ein Teil des körperlichen Lebens geopfert werden muss, wenn wir in uns etwas Höheres entwickeln wollen.

Diese Arbeit beginnt damit, etwas zu tun, was *er* [der Körper] nicht mag. Wir stellen fest, dass wir unsere Füße förmlich dahinschleppen, um eine bestimmte Arbeit zu verrichten, und beschließen, unseren Schritt zu beschleunigen oder schneller zu arbeiten. »Er« ist der mechanische Teil in uns, der in der Körpererfahrung am leichtesten nachzuweisen ist. Fasten ist ein gutes Beispiel dafür zu tun, was »er« nicht mag; aber der Spielraum der Möglichkeiten ist enorm weit.

Wir haben eine Persönlichkeit und ein Wesen. Die Persönlichkeit, die »Maske«, kann das Kommando führen, aber das bin ich nicht selbst, nicht mein Wesen. Die Initiative und die Rolle der Bejahung müssen dem Wesen übertragen werden, dann wird die Persönlichkeit zum passiven, verneinenden Teil. Eine sehr wichtige Entwicklung ist erforderlich, um uns zu befähigen, die Impulse zu erkennen, die aus dem Kern unseres Wesens kommen. Es handelt sich nicht um etwas Mentales; oft genug kommt es durch den Körper zum Erwachen des Wesentlichen in uns, noch bevor unsere Gefühle daran teilhaben. Fast das gesamte sogenannte »Denken« ist eine Sache der Persönlichkeit und nährt die Illusion einer Identität. Wenn das Wesen erwacht, kann es der Persönlichkeit als ein Ganzes gegenübertreten, und nicht nur Teilen von ihr, wie den Gewohnheiten oder bestimmten Reaktionen.[16]

Selbstüberwindung kann zum Erwachen des Wesens beitragen. Das gilt besonders für die Arbeit mit dem Atem: Das Opfer des Atems ist eines der Geheimnisse der Arbeit.

Eine der härtesten, aber gewinnbringendsten Arten der Arbeit kommt dann zu uns, wenn wir mit dieser zweiten Linie arbeiten, auch wenn wir jeglichen Sinn ihrer Realität scheinbar verloren haben. Es scheint dann, als arbeiteten wir ohne jeglichen Grund. Wir haben keinerlei Überzeugung hinsichtlich dessen, was wir tun, wir können die Erfahrung irgendwelcher Resultate nicht bestätigen, weil wir sie nicht machen, und wir fühlen uns vollständig ausgeschlossen von der Realität der Arbeit. Wir müssen zu tieferen Ebenen unseres Seins vordringen, und was wir für unsere Überzeugungen, Resultate und Realitäten halten, ist einfach nicht tief genug.

Das bringt uns zur Idee der Entsagung. Der Akt der Entsagung gehört insofern zur zweiten Linie der Arbeit, als er Kampf notwendig macht. Uns selbst dahin zu bringen, frei von Gewohnheiten,

16. Dieser kurze Kommentar wird ausführlicher behandelt in John G. Bennetts Büchern *Die inneren Welten des Menschen* und *Eine spirituelle Psychologie – Die Suche nach der Wirklichkeit.*

Anhänglichkeiten, Zuständen, Ideen und Dispositionen zu sein, entspricht der zweiten Linie der Arbeit. Alles, woran wir hängen, gehört der niederen Natur an, ganz gleich ob es sich um Besitztümer handelt oder um liebgewordene Anschauungen, Meinungen, Überzeugungen und so weiter.

Schließlich ist es wichtig, die Praxis innerer Übungen zu erwähnen. Dabei müssen wir innerlich aktiv gegenüber uns selbst sein und mit unserer Aufmerksamkeit arbeiten. Es ist notwendig, uns affirmativ gegenüber den mechanischen Teilen unserer Psyche zu verhalten und bei der Übung zu bleiben. Das bedeutet nicht, dass wir versuchen sollen, unsere Gedanken zum Stillstand zu bringen – denn Anstrengungen dieser Art verstärken sie nur. Es bedeutet aber, dass wir unsere Aufmerksamkeit auf den Ablauf der Übung konzentrieren und alles andere, was unterdessen in unserem Bewusstsein auftaucht, ignorieren sollten. Es ist immer so mit der zweiten Linie der Arbeit. Die Affirmation sollte ihre eigene richtige Rolle in uns spielen, das heißt, positiv an die Dinge herangehen. Das unterscheidet sich wesentlich von der Ablehnung der verneinenden Kraft. Es muss betont werden, dass die gewöhnliche Vorstellung von »Anstrengung«, »Willenskraft« und so weiter lediglich in der Verneinung der verneinenden Kraft besteht – doch das entspricht nicht der wahren Bejahung.

Somit haben wir indirekt gesagt, dass die zweite Linie der Arbeit vor allem diejenige ist, in der wir *Energien transformieren.* Daher sollten wir auch unser Essen und Verdauen der drei Arten menschlicher »Nahrung« als dieser Linie zugehörig betrachten.

Auszüge aus Gesprächen

J.G.B.: »Der Unterschied zwischen der ersten und zweiten Linie der Arbeit lässt sich vergleichen mit dem Formen und Formgeben des Tons und dem Brennen, beziehungsweise der Fixierung der Form. Durch die erste Linie der Arbeit können wir zur richtigen inneren Einstellung gelangen, zum richtigen Verstehen, zur richtigen Disposition und so weiter; aber das alles gibt uns noch nicht die erforderliche Stärke, um alle damit verbundenen Anforderungen zu erfüllen. Wir müssen darüber hinaus etwas tun, was der Phase des Töpferns entspricht, bei der der Ton mittels des Feuers im Gegensatz zum Formen auch eine innere Substanzveränderung durchmacht. Dafür sind besondere Energien erforderlich, um die Transformation von Energien zu vollbringen und um Qualitäten in uns aufzubauen, die uns befähigen, höhere Energien auszuhalten. Wenn wir nicht an der zweiten Linie arbeiten, können wir all das, was wir aus der Erkenntnis dieser Vorgänge gewinnen, wegwerfen.

Es ist seltsam, wie schwierig es ist, jemandem klarzumachen, was ›Arbeit an sich selbst‹ bedeutet, wenn er oder sie noch keine Erfahrung damit hat. Wenn wir beispielsweise mit jemandem darüber reden, was Gurdjieff als ›Tun, was *es* nicht mag‹ bezeichnete, und wenn dieser Jemand nicht über eigene Erfahrungen damit verfügt, würde er zweifellos die falsche Vorstellung gewinnen, es handle sich um eine von außen auferlegte Disziplin.

Aber die Schwierigkeit besteht nicht allein im Mangel an geteilter Erfahrung. Ein sehr wichtiger Faktor ist auch, dass man Kinder nicht lehrt, was *Sein* ist. Infolgedessen wird diese Sache bei der Betrachtung der Psychologie des Menschen und seiner Probleme nicht in Erwägung gezogen. Disziplin wird immer als etwas betrachtet, was man erwirbt wie eine gewisse Fertigkeit. Wir lernen Verhaltensweisen – die für unser gewöhnliches Leben notwendig sind –, um unser Leben angenehm zu machen. Aber bei der Arbeit an sich selbst ist eine Art von Anstrengung notwendig, die keinen gesellschaftlichen oder anderen äußeren Zwecken dient. Wir bemerken das nicht und ziehen es auch nicht in Betracht, weil man uns nie etwas darüber gesagt hat.

Das ist wahrscheinlich einer der Hauptgründe, warum Gurdjieff die heutige Erziehung immer so scharf angriff, weil diese das Sein weitgehend missachtet. Die Vorstellung, dass Erziehung im Menschen ein Verständnis der Notwendigkeit erwecken sollte, mit sich selbst zu kämpfen – nicht nur um ein guter Bürger zu werden, sondern weil er ohne diesen Kampf keinerlei Sein haben kann –, ist beinahe nicht vorhanden. Zurzeit bereitet das vielen weisen Menschen, besonders im Osten, sehr große Sorgen.«

J.G.B.: »Abgesehen von den sichtbaren Wirkungen ist da noch etwas anderes wichtig, – was die meisten von Ihnen hier sicher inzwischen erkannt haben, – und das ist, dass sich unsere Substanz auf irgendeine Weise zu verändern beginnt. Wir beginnen, substanzieller zu werden. Dadurch erkennen wir, wie träumerisch die durchschnittlichen Lebensumstände sind, und auch, dass etwas in uns existiert, was nicht nur aus dem Stoff besteht, aus dem die Träume sind. All das bezeichnen wir als *Sein.*

Was ist Arbeit am Sein? Die wesentliche Seinsarbeit ist der Kampf mit sich selbst – der Konflikt mit sich selbst, der Kampf zwischen zwei Teilen in uns, dem bejahenden und dem verneinenden. Wir bemerken einige sich wiederholende Züge, die vielleicht mit unserer Persönlichkeit oder mit einer körperlichen Gewohnheit zu tun haben.

Wir haben alle mit Übungen und Aufgaben gearbeitet, bei denen ein Kampf zwischen Ja und Nein stattfindet. Die einfachste und klarste Übung ist das Ausstrecken der Arme seitwärts. Wir konnten dabei den Moment erkennen, als der Körper Nein sagte und der Geist Ja.[17] Ein Grund dafür, dass wir diese Übung praktizieren, ist, dass wir klar erkennen und uns bewusst machen sollen, was es bedeutet, diesen Kampf in uns selbst zu etablieren. Es handelt sich durchaus nicht nur um einen Kampf zwischen dem Körper und der Psyche, es kann auch ein Kampf zwischen Zuneigung und Abneigung, das heißt ein Kampf auf unserer emotionalen Ebene sein.

Sie sollten begreifen, dass ›die Entwicklung des Willens‹ eine bedeutungslose Phrase ist, die manche Menschen benutzen und damit in Wirklichkeit eine Stärkung des Seins meinen. Sie wissen nicht, wie dieser Wille Eingang in unser Leben findet. Entweder wird das Wort ›Wille‹ falsch benutzt, oder es wird die Existenz des Willens schlechthin verneint. Beide Interpretationen rühren aus der Unfähigkeit zu erkennen, dass Wille etwas ist, was nicht in unserem Intellekt oder der Psyche ist.«

J.G.B.: »Wie es sich mit dem Leiden verhält? Wenn Sie das freiwillige Leiden meinen, bei dem eine Hälfte unserer selbst die andere leiden lässt (wie beim Armeausstrecken), so gehört es zweifellos hierher. Oder nehmen wir das Beispiel einer schüchternen Person, die es hasst, auf Zusammenkünften zu sprechen, und sich dennoch dazu zwingt; dann findet in dieser Person ein Kampf statt, bei dem auch etwas Positives herauskommt, nachdem sie sich selbst überwunden hat. Manchmal mag es so sein, dass jemand es erwartet zu

17. Eine Grundübung, die Gurdjieff lehrte, um »die Arbeit an sich selbst« einzuführen. Die Arme sollten horizontal ausgestreckt und nicht bewegt werden bei gleichzeitiger Teilung der Aufmerksamkeit.

leiden und nicht dazu fähig ist, weil er sich nicht dazu überwinden kann, diese Schwäche zu zeigen. Wenn er dann spricht, mag er es – oder auch nicht – als schwierig empfinden. Das alles spielt sich im Inneren ab, gehört also auch hierher.«

J.G.B.: »Ich glaube, dass der Begriff ›Seinsanstrengung‹ oder ›Seinspflicht‹ sehr gut ist. Die andere Formel, die wir hier in diesem Zusammenhang benutzen, ist einfach ›an sich selbst arbeiten‹.

Student: »Würde *tapas,* wovon der Shivapuri Baba redet, dem entsprechen?«

J.G.B.: »*Tapas,* ja.«

Student: »Ich glaube nicht, dass wir es in unserem Zusammenhang benutzen können, da es kein englisches Wort ist. Es wird übersetzt als ›Gerademachen (Zurechtbiegen) durch Feuer‹, was die Idee der Reibung beinhaltet.«

J.G.B.: »Ursprünglich bedeutete *tapas* ›Hitze‹. In der vedischen Schöpfungsmythologie wurde durch *tapas* das Weltenei ausgebrütet, und dadurch entstand die Schöpfung.«[18]

Student: »Ich kann mir unter dem Wort nichts vorstellen. Es muss etwas wie ›transformieren‹ oder ›transmutieren‹ darin liegen. Wir müssten eine Entsprechung finden, aus der hervorgeht, dass eine tatsächliche Veränderung in uns vorgeht. Das annähernd zutreffendste Wort, das ich finden kann, ist ›Kampf‹, denn aus dem Kampf können wir das, was ich meine, erreichen. Aber ›transformieren‹ oder ›transmutieren‹ sind die einzigen Wörter, die mir in diesem Zusammenhang einfallen.

J.G.B.: »Das ist sehr interessant. Wir kennen die Transmutation negativer Emotionen, was sicherlich in diesen Zusammenhang gehört. Aber gibt es einen ausreichend weiten Begriff? Muss darin unbedingt zum Ausdruck kommen, dass wir dabei aktiv sein müssen? Lassen Sie uns über das Wort ›Transmutation‹ sprechen. Ich würde es gern näher betrachten. Auf alle Fälle hat diese zweite Linie in all ihren Formen mit Transmutation zu tun. Es findet eine Veränderung unserer Substanz statt.«

18. Zur Transformation benötigen wir Feuer. Strenge mit sich selbst ist der Brennstoff.

J.G.B.: »Die dritte Nahrung[19] gelangt durch diesen Kampf zwischen Ja und Nein in uns hinein. Die zweite Nahrung nehmen wir mit der Aufmerksamkeit beim Atmen ein. Die erste Nahrung kommt automatisch in uns hinein, und alles, was *wir* dabei tun können ist zu vermeiden, ihre Wirkung durch Übermaß oder Verschwendung ihrer Nahrungsenergie zu zerstören. So könnte man sagen, dass von den drei Arten der Nahrungsaufnahme die erste die Bemühung von uns verlangt, die damit verbundene Wirkung nicht zu verderben. Eine Anstrengung der Mäßigung also. Die zweite Art der Nahrungsaufnahme erfordert nicht mehr als bewusstes Atmen. Und die dritte kommt definitiv von Kampf und Opfer.«

J.G.B.: »Während einer langen Zeit, über Monate hinweg, fühlte ich eine Schlacht in mir, und es war mir, als ob ich nichts als ein Schlachtfeld sei. Dabei war es tatsächlich so, als ob ganze Armeen in mir aufmarschierten und sich gegenseitig bekämpften. Selbstmitleid! Ich wusste, dass meine einzige Verantwortlichkeit darin bestand, es nicht nach außen zu bringen und andere Leute nicht spüren zu lassen, was sich in mir abspielte. Ich wusste, dass ich dazu verpflichtet war und dass es nicht nach außen dringen durfte. Innerlich war ich wirklich erregt und konnte überhaupt nicht fühlen, ob ich innerlich arbeitete. Es war etwas in mir, das unbedingt den Dingen, die ich tun musste, davonlaufen wollte, aber etwas anderes hielt mich zurück. Ich konnte nicht einschlafen und lief stattdessen herum, manchmal die halbe Nacht, manchmal auch die ganze, und das alles in einem Zustand inneren Aufruhrs. Das Wesentliche daran war, dass sich alles ausschließlich in mir abspielte und ich keinen Menschen um Hilfe bitten oder darum wissen lassen konnte. Keiner durfte etwas bemerken. Ich fühlte das sehr stark. Es war eine der Situationen, in denen man den inneren Kampf zwischen Ja und Nein fühlt und meint, ihn nicht mehr ertragen zu können. Das gehört meinem Verständnis nach zur zweiten Linie der Arbeit. In diesem Fall war es so, dass ich einfach hätte ›loslassen‹ sollen, ohne jedoch dazu fähig zu sein, denn dieses Gehenlassen war keine so nette, einfache Sache, wie wenn man seine Hand öffnet und einen Vogel fliegen lässt, den man darin hielt.

19. Die dritte Seinsnahrung wurde von Gurdjieff zuerst als »Eindrücke« beschrieben. Deshalb nahmen einige naiverweise an, dass es sich hier einfach um Sinneseindrücke handelt.

Aber aus dieser Art des Erlebens ergeben sich tiefgreifende Veränderungen in uns.«

J.G.B.: »Es gibt da eine Stelle, wo Gurdjieff darüber spricht, den inneren Kampf zu organisieren. Jemand erwähnte ›Kristallisation‹. Das Ergebnis dieses Kampfes ist dasselbe, genau gleich wie bei der alchimistischen Transmutation der Metalle, wie Gurdjieff sie beschreibt.«[20]

J.G.B.: »Wenn die Arbeit in uns wirklich lebendig ist, haben wir dieses andauernde Gefühl, dass wir nicht können und doch müssen, genau an jenem Punkt, wo wir in jede Richtung fallen können. Dieses Gefühl, zwischen ›ich muss‹ und ›ich kann nicht‹ auseinandergerissen zu werden, das gehört hierher.

Beim Begriff ›Kampf mit sich selbst‹ frage ich mich, wie viele von Ihnen die tatsächliche Erfahrung als solche beschreiben können, wenn sie sich bei Ihnen abspielt. Was ist dieser Kampf? Etwas in mir sagt, dass ich es nicht tun kann, es nicht möchte oder nicht akzeptieren will, und doch weiß man, man muss da hindurchgehen. Es kann sich auch um eine einfache Herausforderung handeln, wie etwa bei der Entscheidung, keine zweite Portion Essen zu nehmen, oder wenn man etwas in sich sterben lässt, von dem man weiß, dass es sterben muss. Was ist die beste Art, diesen Kampf zu beschreiben, der ein unvermeidlicher und notwendiger Teil der Arbeit ist? Der Teil der Arbeit, der das meiste Leiden verursacht?«

Student: »Ist es nicht so, dass wir bei diesem Kampf etwas loslassen müssen, um etwas zu gewinnen?«

J.G.B.: »Das ist richtig, es ist wahr. Das ›Loslassen‹ ist ein Ziel. Wir kennen das von den [Gurdjieffschen] Bewegungen. Viele verzweifelten daran und hatten echte innere Kämpfe auszufechten, aber sie gaben nicht auf, bis etwas in ihnen losließ, was die Tänze zu einem Teil ihrer selbst werden ließ.«

Student: »Irgendwie scheint mir das mit Wiedergeburt zu tun zu haben.«

J.G.B.: »Ja, aber Wiedergeburt ist ein Resultat. Sie ist keine Beschreibung für das Aktivsein gegenüber sich selbst. Ich glaube, dass

20. Siehe P. D. Ouspensky: *Auf der Suche nach dem Wunderbaren.* München: Otto Wilhelm Barth-Verlag, 1978. Seite 276.

man den Ausdruck ›Arbeit an sich selbst‹ verwenden muss, wenn wir alle wirklich verstehen wollen, was das beinhaltet. Wenn Sie wirklich ehrlich Ihr Verständnis von ›Arbeit an sich selbst‹ überprüfen, werden Sie vermutlich erkennen, dass Sie eine Vorstellung davon gebildet haben, die es als etwas ansieht, was wir nicht tun wollen, aber uns dazu zwingen müssen, es zu tun. Das ist richtig; aber wenn wir wirklich damit zu tun bekommen, dann erkennen wir eine große Vielfalt von Widerständen – es handelt sich dann nicht allein um das Nichtmögen, sondern es treten viel gescheitere, verschlagenere Dinge in uns auf, etwa in der Art, dass wir uns selbst davon überzeugen, es nicht tun zu müssen, zumindest noch nicht heute. Wir müssen doch sehr viele, wesentlich wertvollere Dinge tun, anstatt gerade die, die im Augenblick anliegen! Wenn wir all diese verschiedenen Schattierungen der Verneinung sehen und uns bewusst machen, dass sie alle Bestandteil der ›Arbeit an sich selbst‹ sind, liegen wir sicherlich nicht falsch.«

J.G.B.: »Wenn Sie mit den [Gurdjieffschen] Bewegungen[21] arbeiten, haben Sie eine Anfangsphase, die zur ersten Linie der Arbeit, der Assimilation gehört, das heißt, Sie nehmen etwas auf, Sie lernen die Bewegungen und die Abläufe. Nachdem Sie das getan haben, muss etwas anderes beginnen, nämlich alle Einzelteile der Übung zusammenzubringen und ein Ganzes daraus zu machen. Das ist zweifellos eine Art Kampf, eine Aufmerksamkeitsanstrengung – doch wenn es eine schwierige Bewegungsübung ist, werden Sie keinen Erfolg damit haben. Wenn Sie jedoch die Gelegenheit haben, sie über einen längeren Zeitraum zu machen, kommt ein Augenblick, wenn der Funke überspringt und die Anstrengung aufhört. Dann läuft der Tanz wie von selbst und Sie wissen, es ist gelernt.«

J.G.B.: »Oder lassen Sie uns das Beispiel nehmen, das so oft in unseren Themengesprächen aufkommt, wenn Sie dazu in der Lage gewesen sind, ›es gehen zu lassen‹ und dieses Loslassen wirklich etwas verändert hat. Ist dieses Loslassen nun ein Teil der zweiten Linie? Wenn es sich in uns selbst abspielt, handelt es sich nicht um das Wirken einer höheren Macht, es geschieht zwischen einer beja-

21. Die von Gurdjieff entwickelten »Bewegungen« oder *movements* bestehen aus Trainingsübungen, Tänzen, Ritualen und so weiter, die aus dem traditionellen Material Tibets, Zentralasiens, der Levante und Nordafrikas stammen.

henden und einer verneinenden Kraft. Eine Veränderung, eine Umkehr hat sich ereignet, wo die verneinende Kraft, statt hindernd zu wirken, plötzlich von uns aufgenommen wird und in den positiven Rhythmus einpendelt. Jeder kann das bei den Bewegungen erkennen, aber auch in verschiedenen anderen Situationen. Spielt sich das wirklich in der zweiten Linie ab? Besteht irgendein Zweifel darüber?«

Student: »Transmutation erfordert Trennung. Sie erwähnten das Beispiel der Alchimie. Bevor die Substanz transmutieren kann, muss sie gelöst werden. Das Grobstoffliche und das Feinstoffliche müssen voneinander getrennt werden. Transmutation erfordert Separation; ich weiß aber nicht, ob sie sie auch einschließt. Ich glaube nicht, dass sie vollständig ist.«

J.G.B.: »Es hängt davon ab, dass wir auch wirklich wissen, worüber wir sprechen. Wir erwähnten anfangs das Wort ›Kampf‹. Wir haben dies sicherlich jetzt verstanden. Ich möchte nur noch betonen, dass man sich darunter nicht immer etwas Gewalttätiges vorzustellen hat, nicht immer kommt es zu einer aufruhrähnlichen Situation in uns, zu einem Kampf zwischen einem Wunsch und einer Ablehnung. Manchmal ist der Kampf sehr friedlich, so wie das Loslassen. Offensichtlich passt auch das Wort ›Anstrengung‹ in diesen Zusammenhang. Es gibt andere Wörter. Wenn sie kein einzelnes Wort möchten, verbinden Sie verschiedene Wörter wie in ›Selbstdisziplin‹«

Student: »Reibung«.

Student: »Ich meine, es hat etwas mit der Überwindung des Egos zu tun.«

J.G.B.: »Selbstverneinung?«

Student: »Nein, es scheint mehr mit Persönlichkeit zu tun zu haben, damit, seine Persönlichkeit loszuwerden.«

J.G.B.: »Es ist richtig. Es gibt eine bestimmte Art der Arbeit, in der die Initiative und die aktive Kraft in die Essenz übergegangen sind. Persönlichkeit wird dann verneinend oder passiv. Wir hatten ein oder zwei Beispiele dieser Art in Themengesprächen, die kürzlich gehalten wurden. Aber ich glaube nicht, dass es irgendein Wort gibt, um das so einfach auszudrücken. Hat jemand eine Idee?«

Student: »Dschartklom.«[22]

22. »Dschartklom« ist ein Begriff, den Gurdjieff in *Beelzebubs Erzählungen* benutzt, um das Erwachen zu beschreiben, bei dem die drei Kräfte der Triade in uns

J.G.B.: »Wir verstehen darunter ›Separation‹, und damit haben wir es hier zu tun. Aber Dschartklom ist eigentlich ›Gewissensbiss‹. Es kommt mehr von innen, ist etwas Heiliges. Vielleicht ist es sogar ein Gnadenakt.«

getrennt vorkommen. Das kann durch einen »Schock« von außen geschehen oder spontan auftreten. In seiner spontanen Form gehört es zur siebten Linie der Arbeit. Ausführlicheres dazu in JOHN G. BENNETT: *Gurdjieff entschlüsselt.* Frankfurt am Main: Verlag Bruno Martin, 1981. Seite 141 ff.

Die dritte Linie der Arbeit: Dienen

Bejahend in der Gemeinschaft

DAS WESENTLICHE DIESER LINIE IST, DASS WIR EINEN TEIL von uns aufgeben zugunsten von etwas außerhalb von uns, wofür wir Verantwortung übernommen haben. Das einfachste Beispiel ist das der Elternrolle. Menschen, die niemals etwas über das Werk und über Transformation gehört haben, können etwas Wirkliches erwerben, wenn sie sich vornehmen, die Elternschaft wirklich zu erfüllen. Auch das erfordert allerdings ein bestimmtes Wissen: Wissen über das menschliche Leben, praktisches Wissen und das Freisein von verschiedenen gefährlichen Illusionen. Es erfordert auch Wissen über sich selbst. Um ihre Rolle gut auszufüllen, dürfen die Eltern nicht schwach sein; die Eltern benötigen Kräfte, die aus der zweiten Linie der Arbeit zufließen. Die dritte Linie der Arbeit erfordert Opfer, und ein guter Teil davon sind Opfer für Notwendigkeiten, die in der Zukunft liegen. Wir müssen *jetzt* arbeiten, um die Möglichkeiten für zukünftige Generationen zu schaffen, für Menschen also, die keine Ahnung von uns haben und vielleicht nicht einen einzigen Gedanken an die Arbeit früherer Generationen verschwenden.

Die dritte Linie beinhaltet sehr einfache Dinge, und es ist wichtig, von ihnen zu lernen. Wir können zum Beispiel sehr viel lernen, wenn wir Verantwortung für materielle Dinge, wie Werkzeuge, übernehmen. Immer wenn wir ein Werkzeug benutzen, haben wir die Verantwortung, es zu reinigen und an seinen richtigen Platz zurückzulegen. Das Werkzeug kann das nicht von sich aus tun. Manchmal mag diese Erfordernis mit sehr viel Unbequemlichkeit verbunden sein, vor allem dann, wenn es zu unseren Aufgaben gehört, für die Werkzeuge verantwortlich zu sein, die andere Leute benutzten. Diese Arbeit dreht sich um die Aufrechterhaltung der Ordnung in unserer Umgebung, was einige Wachheit von Leuten erfordert, deren Aufgabe die Verpflichtung ist, das zu ersetzen und auszubessern, was im Laufe der Zeit oder durch menschliche Tätigkeit abgenutzt wurde.

In solch einfachen Pflichten steckt etwas von der Qualität einer »undankbaren Aufgabe«, die diese Linie der Arbeit charakterisiert. Andere Leute sehen unsere Arbeit vielleicht gar nicht, und viele werden ihre Bedeutung nicht erkennen. Das ist sehr wichtig. Diese Arbeit wird als freie Verpflichtung übernommen, und jede Vergütung oder jedes Lob dafür zerstört das Gute, was wir damit erwerben können. So heißt es in den Evangelien: »Achte darauf, deine Almosen im Verborgenen zu geben« oder »Tue Gutes im Verborgenen« und sogar »Lass deine rechte Hand nicht wissen, was die linke tut.« Diejenigen, die eine solche Arbeit übernehmen und sich selbst als verdienstvoll ansehen, wissen nicht, worum es geht.

In den Lehren des Shivapuri Baba wird diese Art der Arbeit zur Kategorie der Pflichten gezählt und so beschrieben: Sie ist da, um getan zu werden, und man bringt sich dazu, sie zu erledigen. Wir haben Pflichten gegenüber unserem Körper, unserer Familie, unserem Beruf und so weiter, und all diese Pflichten müssen erfüllt werden »ohne Vernachlässigung und ohne jemand anderen damit zu beauftragen.« Der Shivapuri Baba tendierte dazu, den Interessenkonflikt, der beim Menschen auf dem Weg der inneren Entwicklung entsteht, herunterzuspielen, und wir müssen »Arbeit an uns selbst« leisten, um frei von Selbstheit und Privatinteressen zu werden.

Wir drehen und winden uns nach allen Richtungen, um – wie wir meinen – unsere Zeit, unser Privatleben, unsere Bewegungsfreiheit und so weiter nicht opfern zu müssen. Jeder, der eine Elternrolle zu erfüllen hat und zu arbeiten versucht, ist sich dessen bewusst. Für den Menschen, der frei von dieser Rolle ist, mögen die Dinge anders liegen: In diesem Fall reicht es aus, die Notwendigkeit der nächstfolgenden richtigen Handlung zu erkennen. Natürlich erfordert diese Linie der Arbeit, dass wir dazu in der Lage sind, das jeweils Notwendige zu erkennen, oder uns der Pflicht bewusst sind, bevor wir etwas unternehmen. Aber jeder von uns kann etwas unternehmen, und deshalb ist zum Beispiel die Wartung von materiellen Gegenständen sehr wichtig, zumal jeder sehen kann, was erforderlich ist und warum.

Es ist schwieriger, für Tiere zu sorgen. Wir benötigen das richtige Gefühl für sie und müssen fähig sein zu erkennen, was sie wirklich benötigen. Wir dürfen ihnen weder zu viel noch zu wenig geben; Überfüttern ist kein Zeichen wirklicher Fürsorge für ein Tier. Tiere bedürfen unserer Pflege wegen der Bedingungen, unter denen wir sie dem menschlichen Leben zugeordnet haben. Es besteht eine echte Pflicht, sich um sie zu kümmern, aber wenige schaffen es, über Oberflächlichkeit oder nachgiebige Sentimentalität hinauszugehen. Wir befinden uns in einer durchaus ähnlichen Situation gegenüber unserem Körper. Es besteht die Verpflichtung, sich um den Körper zu kümmern und ihm das zukommen zu lassen, was er benötigt. Er sollte weder zu hart noch zu nachgiebig behandelt werden. Beim Umgang mit dem physischen Körper handelt es sich um die Pflege eines Instruments der Arbeit. Nichts könnte wichtiger sein.

Im Übrigen können wir auch sehr viel bei der Pflege der Pflanzen lernen. Wir müssen ihnen einen Teil unserer Gefühle geben, wenn wir sie ordentlich pflegen wollen. Zwischen Menschen und Pflanzen besteht eine intime Gefühlsbeziehung, die in den letzten Jahren sogar zum Objekt wissenschaftlicher Studien geworden ist. Tatsache ist, dass bei der Pflanzenpflege vom Gefühlsleben ein gewisses Opfer verlangt wird. Die Pflanzen erfordern häufig eine regelmäßige Aufmerksamkeit. Das Gießen während der Sommermonate kann ermüdend und zu einer echten Anforderung werden, aber ähnlich wie bei der Tierhaltung sind wir verpflichtet, den Pflanzen Wasser zu geben, denn wir selbst haben sie in diese unnatürlichen Umstände gebracht.

Wenn wir von Tieren zum Menschen übergehen, werden die Schwierigkeiten dieser dritten Linie der Arbeit erheblich größer. Lassen Sie uns wieder das Beispiel der Elternschaft nehmen. Eltern müssen ihre persönlichen Interessen häufig zurückstellen. So können sie zum Beispiel vom Hören eines Konzerts, eines Vortrags oder einer Begegnung mit einem gelehrten Menschen abgehalten werden, weil sie auf das Kind achtgeben müssen. Einige Menschen erleben dadurch einen Konflikt zwischen der Arbeit und den familiären Verpflichtungen. Darin liegt gewöhnlich ein Missverständnis. Die Linie der Pflichten *gehört* zur Arbeit, und sie zugunsten von etwas anderem zu vernachlässigen, würde zum Verlust der Realität der Arbeit führen.

Ebenfalls gehört die Fürsorge für ihren eigenen Zustand, die werdende Eltern während der Schwangerschaft zum Wohle des reifenden Kindes übernehmen müssen, zur dritten Linie der Arbeit und sollte niemals als minderwertiger betrachtet werden als das, was im Allgemeinen als »Arbeit« bezeichnet wird. Ein ruhiger, ausgeglichener Zustand ist der größte Beitrag, den eine Mutter für die Zukunft ihres Kindes leisten kann.

Es ist sicherlich klar geworden, dass die dritte Linie der Arbeit Leiden verursacht: denn besonders die Gefühle werden beansprucht, wenn wir unsere Verpflichtungen erfüllen. Wir müssen das tun, was wir nicht mögen, müssen oft unsere Neigungen missachten und zulassen, dass äußere Zwänge über uns bestimmen. Oder wie Gurdjieff es ausdrückt: Sobald wir anderen auf irgendeine Weise dienen, führt dies unvermeidlich zu leidvollen Erfahrungen. Daher der Begriff *absichtliches Leiden:* Wir suchen das Leiden nicht, es kommt von allein auf uns zu, sobald wir uns zu etwas verpflichten, bei dem sich ein Opfer nicht vermeiden lässt.

Für Gurdjieff war absichtliches Leiden der Schlüssel zur Arbeit, und wir sollten die dritte Linie der Arbeit deshalb sehr ernst nehmen. Ohne die Übernahme von Verantwortung ist kaum inneres Wachstum möglich. Es gibt die Geschichte eines jüdischen Ritualschlachters, der nach dem Krieg in einer kleinen Stadt lebte und die Gelegenheit, nach Israel auszuwandern ablehnte, obwohl er seine Frau und Kinder dort hinschickte. Er fühlte sich wegen einer Handvoll alter Juden, die da noch lebten zum Bleiben verpflichtet, weil sie anderenfalls keinen Menschen gehabt hätten, der sich um ihre Bedürfnisse kümmerte. Das ist das Bild eines wirklich aufrechten Menschen, der für sich selbst nicht von der Situation profitierte, sondern lediglich seine Pflicht erfüllte; er war sich seiner Tugendhaftigkeit sicher nicht bewusst.

Immer dann, wenn es sich um Arbeit für andere handelt, können wir uns innerlich leeren. Der griechische Begriff dafür ist *kenosis.* Diese Entleerung kann nur dann in uns geschehen, wenn wir die Affirmation einer höheren Kraft in uns zulassen. Für das Wohl unseres Nachbarn zu arbeiten, gehört dazu. Es muss sich dabei um echte Selbsthingabe handeln, nicht etwa um eine Handlungsweise, die das Gefühl verschafft, etwas geopfert zu haben, in Wirklichkeit aber unser Ego stärkt. Das macht einen schwierigen Balanceakt erforderlich, denn die Arbeit für andere verlangt Seinsstärke, wie sie sich in der Fähigkeit ausdrückt, fest zu bleiben, wenn wir dazu neigen, nachgiebig zu sein, beziehungsweise freundlich zu sein, wenn es uns eher danach zumute wäre, schroff aufzutreten. Es erfordert außerdem wirkliches Wissen und Verstehen, das wir selbst erwerben müssen, besonders durch die Verarbeitung von Lebenserfahrungen. So sind die ersten Linien der Arbeit notwendig, wenn wir der dritten korrekt folgen wollen. Wir müssen viel innere Kraft erwerben, damit wir fähig sind, uns auf intelligente und nützliche Weise geben zu können.

Opfer beinhaltet nicht immer Kampf; es kann in jedem Augenblick, beinahe impulsiv geschehen und dennoch richtig sein. Dann sind wir überrascht, fragen uns: »Wozu habe ich das getan?«, und stellen fest, dass wir uns dadurch womöglich in Schwierigkeiten gebracht haben. Es gibt Momente, in denen wir frei von uns selbst und fähig sein können, anderen das zu geben, was sie benötigen. Wenn das geschieht, müssen wir versuchen, es konsequent zu nutzen und keine Kompromisse mit uns selbst zu schließen, nur weil wir unsere Freiheit und Gefühle gefährdet sehen.

Für das Wohl unseres Nachbarn zu arbeiten, ist natürlich nur ein anderer Ausdruck für die Idee des »äußeren Bedenkens«.[23] Wir können hier eine interessante Verbindung zwischen der zweiten und der dritten Linie der Arbeit sehen. Der Kampf mit »inneren Bedenken« – das heißt mit unseren subjektiven Einbildungen darüber, was Leute von uns denken und wie sie sich uns gegenüber verhalten, und auch mit der Versklavung an die Meinung anderer – ist notwendig, weil er uns dazu befähigt, äußere Umstände abzuwägen, das heißt, selbst zu entscheiden, ob wir uns um das Wohl anderer kümmern wollen. Das äußere Bedenken sollte mit der Sorge für die *äußeren* Lebensumstände anderer Menschen beginnen. Die Beachtung des Innenlebens anderer Menschen erfordert ein Verständnis und Unterscheidungsvermögen höherer Art.

Ein sehr guter Beginn für die Praxis der dritten Linie ist es, wenn wir unsere Kenntnisse mit anderen teilen. Wir haben etwas durch diese Arbeit erworben und wir sind verpflichtet, anderen zu geben, was wir können: ihnen mitzuteilen, was wir wissen, ihnen Methoden zu zeigen und Erfahrungen weiterzugeben und sogar ihnen etwas von unserem Leben zu zeigen – oder auch von unserer inneren Leere. Aber das sollte eher von dem Standpunkt aus geschehen, was die Leute wirklich benötigen, nicht von unserem Bedürfnis nach Kommunikation. Das Erfordernis der Manifestation der Arbeit gehört zu einer anderen Linie.

23. In den deutschen Ausgaben der Werke von P.D. Ouspensky wird für diesen Begriff zumeist die Übersetzung »äußeres« beziehungsweise »inneres Sich-Richten« verwendet.

Auszüge aus Gesprächen

J.G.B.: »Diese dritte Linie kann als *Dienen* bezeichnet werden, und sie beinhaltet nicht nur die Arbeit für unsere Mitmenschen, sondern auch Arbeit für die Nachkommen. In Gurdjieffs *Beelzebubs Erzählungen* spielt die Arbeit für die Nachwelt eine große Rolle. Wenn wir die Bedeutung dieser Sache verstanden haben, können wir eine Menge über die Bedingungen von Zeit, Raum und Ewigkeit, unter denen wir existieren, verstehen lernen.«

J.G.B.: »Ich glaube, dass kein Zweifel darüber bestehen kann, dass Gurdjieff mit ›bewusster Arbeit und absichtlichem Leiden‹ oder ›Seinspartkdolgpflicht‹ meinte, für das Wohl anderer und speziell für das Wohl zukünftiger Generationen zu arbeiten. Und irgendwo sagt er auch, dass Arbeit für andere bewusste Selbstaufgabe bedeutet.

Ein sehr großer Teil unserer Arbeit auf der aktiven Seite könnte sehr erfolgreich vonstattengehen, ohne unseren Egoismus wirklich zu berühren. Aus diesem Grund sagt Gurdjieff, dass wir nur durch bewusste Arbeit und absichtliches Leiden von den Folgen des Organs Kundabuffer[24] befreit werden können. Er sagt, dass dieses Mittel vom Schöpfer für die bewusste Vervollkommnung der Wesen vorherbestimmt sei.«

J.G.B.: »Einige Menschen können leicht erkennen, dass sie Anstrengungen in dieser dritten Linie machen können; das heißt, wenn sie benötigt werden, gehen sie hin und helfen. Aber wenn sie innere Schwächen überwinden sollen, um sich zu verändern, vermeiden sie diese Arbeit. Es gibt Menschen, die eine ganze Menge für andere tun und sogar echte Anstrengungen in dieser Richtung machen, und doch können wir sehen, dass sie selbst unverändert bleiben und dass ihre Fehler und Schwächen nicht davon berührt werden. Manchmal ist es so, dass das, was sie außerhalb tun, dazu dient, das zu verstecken, was sie innerlich ungetan lassen.«

J.G.B.: »Diese dritte Linie enthält tatsächlich große Möglichkeiten; sie geht bis zu dem Punkt, wo wirklich große Opfer gebracht wer-

24. Siehe Fußnote 15, Seite 50.

den müssen, um der Umgebung zu dienen. Man kann dabei so weit gehen, sein eigenes Leben dafür zu opfern. Dazu sagt jedoch Paulus sehr treffend, dass man sehr wohl seinen eigenen Körper hingeben kann, sich selbst verbrennen lassen kann und die größten Dinge für die Außenwelt tun mag, die doch alle nichts nützen, solange man sich innerlich nicht von Hass und Selbstliebe befreit hat.«

J.G.B.: »Selbstverständlich gehören auch Dinge wie das Öffnen des Hauses [z.B. von Sherborne] für Besucher hierzu. Auch das zählt zur Linie des Dienens und Teilens. Eine Art, das Ganze zu untergliedern, ist zu sagen: Hier ist all die Arbeit, die sich innen abspielt, und dort all die Arbeit, die außen stattfindet. Der heilige Benedikt sagt das in seiner aus dem siebten Jahrhundert stammenden Ordensregel sehr schön. Es gibt darin zwei Dinge, die er vom idealen Mönch verlangt: Erstens, dass er die Fähigkeit haben solle, sich bei seiner Meditation und seiner Arbeit ganz in sich zurückzuziehen, und dass die Gemeinde dazu fähig sein solle, sich ins Schweigen zurückzuziehen. Zum Zweiten solle der Mönch alle Menschen annehmen können, die das Kloster aufsuchten, und dazu bereit sein, für jeden Bedürftigen zu sorgen. Die Gemeinde solle dazu fähig sein, sich ins Schweigen zurückzuziehen, aber ebenso solle sie ihr Wissen, ihre Kenntnisse und ihre Musik mit anderen teilen. Das war das Ziel: völlig mit der unsichtbaren und spirituellen Welt beschäftigt und dennoch dazu fähig zu sein, aus sich herauszugehen und die innere Wahrheit zu manifestieren, nicht nur im Sinne von guten Taten, sondern im tatsächlichen Ausdruck der Liebe Gottes in den eigenen Handlungen. In der Ordensregel des heiligen Benedikt sind viele dieser Dinge sehr detailliert ausgearbeitet worden. Das meiste davon fällt unter die Kategorien Verehrung, Dienen und Manifestation.«

Neutral

Wir haben das Wort »neutral« gewählt, um ganz nachdrücklich den besonderen Charakter unserer Rolle im Rahmen der Manifestation zu betonen. Der gewöhnliche Wortgebrauch lässt bei der Feststellung, wir würden eine »versöhnende« Rolle einnehmen oder eine »versöhnende« Arbeit tun, die Interpretation zu, es handle sich dabei um die Lösung eines Konflikts. Der echte Geschmack dieser Arbeit kommt der Freiheitsidee – der Neutralität – aber näher, da sie uns ermöglicht, Träger oder Vermittler eines spirituellen Impulses zu sein. Gerade wenn wir von »aktiven« und »rezeptiven« Linien der Arbeit sprechen, ist es besser, auch das Wort »neutral« für die Linie der Arbeit zu benutzen, in der wir weder aktiv noch rezeptiv sind.

Die vierte Linie der Arbeit: Manifestation

Versöhnend in der Aktion

IN IHRER REINSTEN FORM HABEN WIR NICHTS MIT DER Handlung zu tun, weder im aktiven noch im rezeptiven Sinne. Die Arbeit manifestiert sich selbst. Wir können das erkennen, wenn wir dazu fähig geworden sind zu sehen, dass wir weder etwas getan haben, noch die Zustimmung dazu geben mussten, dass etwas in uns getan wurde.

Wir haben eine außergewöhnliche Rolle zu spielen. Die Arbeit muss das Verborgene manifestieren; die spirituelle Welt braucht ein Instrument, ein Vehikel, durch welches sie in dieser Welt wirksam sein kann. Insoweit, als wir dazu fähig sind, »aus dem Weg zu gehen«, können wir benutzt werden. *Wir müssen aufhören, als etwas Getrenntes da zu sein.*

Durch *das Erfüllen einer Rolle* können wir diese Linie der Arbeit verstehen; wobei der Rolle alle Wichtigkeit zukommt, uns selbst aber keine. Das bedeutet nicht, dass es keinen Unterschied in der Art gäbe, wie diese sich in der einen oder anderen Person manifestiert. Jeder findet seinen eigenen kreativen Beitrag. Dieser ist insofern »unser eigener«, als dass die Manifestation uns als Instrument benutzt und das wirkliche Selbst der betreffenden Person einbezogen ist. Wenn es sich so verhält, ist die Kreativität rein, das heißt nicht egoistisch, und bringt keine Überheblichkeit hervor.

Durch die dritte Kraft ist alles geschafften worden. Alles Existierende geht daraus hervor, sie selbst ist aber nicht der Existenz unterworfen. Im Osten wird sie als Tao bezeichnet, und durch sie kann der Mensch zur kreativen Kraft werden. Es ist ein Mysterium, dass der Mensch zur kreativen Kraft werden kann, auch wenn er absolut nichts tut.

Wenn wir die Gurdjieffschen Bewegungen praktizieren, können wir in diese Linie der Arbeit kommen. Diese Bewegungen sind eine Manifestation der Arbeit. Wenn wir es schaffen, uns selbst »aus dem Weg zu gehen«, können die Bewegungen das Werk manifestieren. Wir erlauben dann den Bewegungen, »sich selbst zu bewegen«. Für die Manifestation der Arbeit ist ein menschlicher Körper notwendig, und wenn wir es zulassen, dass unser Körper übernommen wird, müssen wir selbst nichts tun. Das Ergebnis ist Freude, die Freude der Bewegung, die Freude des Körpers – und wir sind frei. Der dadurch hervorgerufene Bewusstseinszustand ist schwer zu beschreiben. Man könnte sagen, dass wir voll bewusst für alles sind, was vor sich geht, und uns gleichzeitig auch in einem Zustand befinden, in dem uns nichts bewusst ist. Wir haben unser Festhalten an der gewöhnlichen Art der Selbstbewusstheit gelockert.

Immer dann, wenn dieser Vorgang echt ist, handelt es sich um eine Manifestation der Arbeit. Es muss eine beinahe völlige Freiheit von Selbstliebe da sein mit keinerlei Wünschen nach irgendwelchen Resultaten für uns selbst. Jemand, der auf diese Weise manifestiert, ist *in der Arbeit,* Teil des Werks, wird umgewandelt und erwirbt Seinsqualität. Wenn eine Rolle im Leben mit Qualität erfüllt wird, kann Manifestation möglich sein. Das passiert immer dann, wenn wir nicht mehr auf unsere eigene Kraft und Cleverness bauen. Das ist auch das Wesen eines bedeutenden Kunstwerks, das dazu beiträgt, die Welt zu bereichern; und es verwirrt den Künstler, wenn er nicht versteht, wie die Realität nicht *von* ihm kommt, sondern *durch* ihn wirken muss. Es ist der gleiche Zustand, wenn wir eine Rolle der Vermittlung [der Arbeit] in dem Bewusstsein der eigenen Nichtigkeit einnehmen. Wann immer wir die Arbeit anderen vermitteln müssen, sollten wir darum beten, dass wir uns selbst vergessen können. Wir müssen alles hineinlegen, was wir können, und dann »aus dem Weg gehen«. Das ist Arbeit.

Auszüge aus Gesprächen

J.G.B.: »Am Samstagmorgen haben wir in diesem Raum ein interessantes Experiment gemacht. Kann einer von Ihnen sagen, worum es sich dabei handelte? Wir fingen in diesem Raum an und setzten es draußen während der Arbeit auf dem Rasen fort.«

Student: »Wir visualisierten verschiedene Tätigkeiten, von denen wir wünschten, dass sie außen verwirklicht würden, und führten das zum tatsächlichen Geschehen.«

J.G.B.: »Was bedeutet in diesem Zusammenhang ›Visualisierung‹? Wir könnten vom ›Erzeugen einer mentalen Vorstellung‹

reden, denn wir schufen eine mentale Vorstellung, an der wir alle teilhatten. Das Wort ›Visualisierung‹ könnte auch das bezeichnen, was jeder von uns für sich tat. Das eigentlich Ausschlaggebende dabei ist, dass wir *alle* etwas teilten. Als wir im letzten Jahr den Rasen auffrischten, mussten die Leute einige Tage lang arbeiten, um ihn aus seiner winterlichen Verfilzung in den Zustand zu bringen, in dem er sich jetzt wieder befindet. Am Samstag war das alles in drei oder vier Arbeitsstunden geschafft. Wir entdeckten dabei, dass »sich etwas durch uns ereignete«. Und das Eigenartige dabei war, dass sowohl aktive als auch rezeptive Zustände mit im Spiel waren. Aber Sie sehen selbst, dass auch eine fremde Kraft zu wirken schien. Sie wirkte zwar nicht auf einer sehr tiefen Ebene, dafür sind wir noch nicht gut genug vorbereitet, noch nicht offen genug; aber ich fühlte doch nach einer Weile, dass das geschaffene Gedankenbild oder das geistige Vorstellungsbild stark genug war, die ganze Aktion zu vereinheitlichen, und dass etwas daraus hervorkommen oder durchkommen würde. Und dieses »etwas Durchkommen« ist das, was wir unter Manifestation verstehen. Es kann sein, dass wir die Möglichkeit herbeiführen, die Mittel dazu vorbereiten müssen, dass etwas durchkommt, aber die wirkliche Sache ist nicht das, was wir tun, sondern vielmehr die Veränderung, die in der Situation über uns kommt, wenn wir uns auf diese Weise vorbereitet haben.

Die Manifestation benötigt Vorbereitung, aber dann übernimmt etwas anderes. Es übernimmt auf eine Weise, die nicht dem entspricht, was passiert, wenn wir uns innerlich einem Geschehen *fügen,* noch dem, was sich ereignet, wenn wir aktiv *dienen,* sondern so, dass wir nicht wirklich sagen könnten, ob wir es tun oder ob es durch uns getan wird. Das Gleiche gilt für die Bewegungen und für alles, wo es darauf ankommt, dass sich etwas manifestiert. Selbstverständlich müssen wir eine Menge dafür tun, aber »es übernimmt« uns genauso, wie der Künstler vom Gemälde »übernommen« wird.

Ich habe Gerald Wilde[25] beobachtet, wenn er dabei ist, etwas zu malen. Es kann passieren, dass er Dutzende oder Hunderte von Skizzen machen muss, und ich habe die Qualen gesehen, die da-

25. Gerald Wilde (1905–1986) war ein englischer Künstler, der beträchtliche Anerkennung als abstrakter Expressionist gefunden hat. John G. Bennett arbeitete viele Jahre mit ihm am gestalterischen Ausdruck von Ideen bezüglich des Werks oder der Arbeit.

hinterstecken. Und dann – auf einmal – geht es und er tut nichts mehr, er weiß dann, dass es so sein muss, und dient nur noch dem, woran er gerade arbeitet.

Es ist nicht richtig zu sagen, dass wir auf diese Weise der Manifestation erlauben, uns zu benutzen; obwohl natürlich unsere Zustimmung und manchmal auch sehr harte Anstrengungen unsererseits erforderlich sind. Ausschlaggebend ist vielmehr, dass darin etwas von »sich selbst verlieren« steckt. Wir werden wie ein Schauspieler, der nicht länger Mr. Soundso ist, sondern zu Hamlet wird. Es ist die Rolle, die zählt. Natürlich hängt viel davon ab, wie die Rolle gespielt wird, welche Vorarbeiten und welche Ausbildung der Schauspieler gehabt hat und welche persönlichen Qualitäten er ins Spiel bringt; aber nichts von alledem macht ihn zu Hamlet. Es geht darum, dass die Rolle des Hamlet zum Ausdruck kommen will. Er könnte der beste Schauspieler der Welt sein, solange es die Rolle des Hamlet nicht gibt, könnte er den Hamlet nicht spielen. Das meine ich mit »Manifestation«.

In der höchsten Form ist es die Inkarnation eines Wesens, das eine gewisse Rolle in dieser Welt zu spielen hat, zum Wohle der Menschheit. Wenn wir von Christus als der Rolle und von Jesus als dem Schauspieler, der diese Rolle spielen musste, reden, dann scheint es, als ob wir die beiden voneinander trennen wollten, und so, als hätte es sich um etwas gehandelt, was er hätte ablegen können, so wie man die Rolle des Hamlet ablegen kann. Das ist so, weil die Analogie vom Schauspieler und der Rolle nur dann zutreffend ist, wenn die Situation unvollkommen ist. Wenn ich hier sitze und Sie unterrichte und Ihnen von diesen Dingen erzähle, dann mache ich das nicht, weil ich es mir so ausgesucht habe oder weil ich dazu inspiriert gewesen wäre, sondern nur weil ich eine Rolle spielen muss. Vor zwei oder drei Wochen wusste ich, dass es an der Zeit sei, Ihnen etwas über die sieben Linien der Arbeit zu vermitteln. Ich kann Ihnen ehrlich sagen, dass ich zu jenem Zeitpunkt noch nicht einmal wusste, worum es sich dabei handelt. Alles, was ich wusste, war, dass Gurdjieff gesagt hatte, es gäbe drei Linien der Arbeit, die er so und so beschrieb, dass es andererseits aber auch sieben Linien gebe.«

J.G.B.: »Der vervollkommnete Mensch ist der Mensch, der ganz und gar ›aus dem Weg gehen kann‹, so dass neue und gänzlich andere Dinge sich zu ereignen beginnen. Das bedeutet aber nicht, dass diese Linie der Arbeit nur mit dem vervollkommneten Menschen beginnen kann. Wenn wir den sehr starken Wunsch haben, benutzt zu werden, können wir es schaffen, ›aus dem Weg gehen‹ und zu lernen, leer zu sein. Um das zu erreichen, darf man weder etwas für sich wünschen, noch darf man sich wünschen, anderen irgendetwas zu geben. Anderen etwas geben zu wollen, bedeutet, dass wir von ihnen getrennt sind.

Dienen hat seinen gerechtfertigten Platz und ist notwendig. Wir können die Elternrolle nicht erfüllen, wenn wir ›aus dem Weg gehen‹; gegenüber unseren Kindern müssen wir wir selbst sein. Das ist einer der Gründe, warum Eltern nicht die Lehrer ihrer eigenen Kinder sein können. Jemand, der die Rolle eines geistigen Lehrers spielen und dabei er selbst bleiben möchte, kann sie nicht erfüllen. Er mag durchaus dazu in der Lage sein, nützliche Dinge zu tun, er mag Leuten dienen, aber er erfüllt nicht die Rolle eines Lehrers, weil er der spirituellen Kraft nicht freien Lauf lässt.

Wenn Paulus sagt: ›Ich bin allen alles geworden, auf dass ich auf alle Weise etliche errette‹ [1 Kor 9.22], spielt er darauf an. Und auch, wenn der Prophet Jesaia sagt: ›Er wird nicht schreien noch rufen, und seine Stimme wird man nicht hören auf den Gassen. Das zerstoßene Rohr wird er nicht zerbrechen, und den glimmenden Docht wird er nicht auslöschen. Er wird das Recht wahrhaftig halten lehren‹ [Jes 42.2], drückt das die Leere oder Nichtigkeit aus, die von Jesaia und anderen Propheten sehr stark empfunden wurde. Sie wussten, dass sie absolut nichts sein durften, damit Gott sie benutzen konnte.

Bei der Manifestation ist es nicht der Fall, dass etwas *mit* uns passiert. Etwas geschieht *durch* uns, und doch sind wir nicht passiv, nicht bloße Träger einer Sache. Andererseits tun wir auch nichts von uns aus und müssen dennoch aktiv sein. Unsere Intelligenz ist nicht ausgeschaltet. Unsere Kräfte werden gebraucht und dennoch gibt es nichts von uns selbst darin. Diese Linie der Manifestation ist die Summe aller anderen Linien, und das macht es außerordentlich schwer, über sie zu sprechen. Es ist nicht so, als ob eine höhere Macht Besitz von uns ergreifen würde und uns lediglich als Instrumente benutzte. Das wäre eine Vorstellung von Manifestation, zu der man gelangen könnte, wenn man feststellt, dass man es nicht selbst tut. In dieser Arbeit der Manifestation geschieht eine kreative Aktion. Der Mensch wird hier zu einer kreativen Kraft, wenn er nichts tut.

Die frühen taoistischen Lehrer gaben sich große Mühe, das Tao zu beschreiben. Viele von ihnen waren vom Bewusstsein der Arbeit der dritten Kraft erfüllt. Zu einem Zeitpunkt vor etwa zweitausendfünfhundert Jahren ergriff es die Menschen auf überwältigende Weise. Es beeinflusste den ganzen Fernen Osten auf verschiedene Arten – lediglich diese Offenbarung. Und weil es damals dort vielleicht viel direkter erfahren wurde, finden wir es heute schwer, diese Menschen zu verstehen.«

J.G.B.: »Diese vierte Linie der Arbeit ist nicht etwas Abgehobendes, nur für vollkommene Wesen bestimmt. Wir haben genauso damit zu tun. Genauer gesagt, es muss von Anfang an kommen. Sie müssen verstehen, dass, während wir hier sitzen, ich mich als Lehrer manifestiere, Sie aber als Schüler und – dass beides Rollen sind.«

Student: »Aber was zeichnet diese Arbeit eigentlich aus? Wie verhält es sich mit der Person, die ein wirklicher Gastgeber ist? Jemand kann diese willkommen heißende Person auch perfekt spielen. In manchen Fällen weiß man, dass es authentisch ist, in anderen ist es lediglich eine Maske.«

J.G.B.: »Ich würde meinen, dass es immer dann, wenn es authentisch ist, auch zur Arbeit gehört. Was bedeutet ›zur Arbeit gehören‹? Wenn wir darum kämpfen, aus der unechten Welt heraus- und in eine echte hineinzukommen, ist das dann nicht Arbeit? Haben wir da nicht ein Kriterium? Für all diese Dinge ist es von Bedeutung, dass sie echt sind. Was macht etwas zur Arbeit gehörig? Es ist nicht die Art der Handlung, sondern ihre Echtheit. Das ist etwas, wovon der Shivapuri Baba sehr erfüllt war: Alle Dinge, die du tust – essen, trinken, schlafen, ausspucken, urinieren –, all diese Dinge müssen bewusst sein und beherrscht werden. Das ist die erste Disziplin, die er meint: eine Tasse Tee vollkommen zuzubereiten.

Lassen Sie uns das einfache Beispiel eines Kindes nehmen, solange es noch ein wirkliches Kind ist, solange es also spielt, ohne sich umzublicken, um festzustellen, ob jemand zuschaut oder nicht, und ohne jegliche Bewusstheit darüber, dass es ein spielendes Kind ist. Dieses Kind manifestiert sich als ein Kind. Könnten wir sagen, dass es arbeitet? Nein. Denn das Kind ist noch nicht an den Punkt gekommen, wo es unser Problem hat. Im Beispiel des Schauspielers, der ohne bewusste Zurschaustellung, ohne irgendeinen Gedanken daran, dass er etwas zu vollbringen hat, einfach seine Rolle spielt und das auf angemessene Weise tut – könnte gesagt werden, dass es sich *in* der Arbeit oder *außerhalb* der Arbeit abspielt? All das gehört zu dem, was Gurdjieff als Obyvatel[26] bezeichnet. Niemand hat bisher eine Übersetzung des Wortes ›Obyvatel‹ gefunden, außer dass es ›gewöhnlicher Mensch‹ bedeutet. Lassen Sie uns annehmen, dass Obyvatel ›gewöhnlicher Mensch‹ bedeutet. Gurdjieff sagt, dass das der wirkliche Beginn der Arbeit ist. Er sagt in seiner ›Wissenschaft der Idiotie‹, dass, bevor du nicht bewusst auf die Stufe eines gewöhnlichen Idioten hinuntersteigst,[27] du an einen Punkt kommst, an dem du nicht dazu in der Lage sein wirst, weiterzugehen.«

Student: »Mr. Bennett, in welcher Beziehung steht das zum Dienen? Auf welche besondere Weise unterscheidet sich diese Linie vom Dienen?«

J.G.B.: »Das Dienen kommt von uns selbst, von unserer eigenen Aktivität und unserer eigenen Wahl. Im Fall der Manifestation wird die Arbeit *durch* uns manifestiert. Diese Frage ist eine sehr wichtige und man muss versuchen, sie zu verstehen. Die Arbeit oder der Geist manifestiert sich durch eine natürliche, gute, nicht egoistische Person, die dabei keinen Gedanken an sich selbst hat. Eine der starken Einflüsse meiner Kindheit war, was wir in England als *charwoman* bezeichnen, eine Frau, die meiner Mutter im Haushalt half. Ihr Name war Mrs. Mursh, eine Londoner Cockney-Frau. Sie war so gut und selbstlos, dass ich mich nach all den siebzig Jahren noch immer an den Einfluss erinnere, den sie auf mich hatte, als ich ein wildes und ungezogenes Kind war. Sie war ein Mensch, den ich sogar mehr als meine Mutter respektierte, weil ich nicht umhin konnte zu bemerken, dass nichts von dem, was sie tat, irgendein egoistisches Element enthielt. So wie viele Frauen, die sehr arm sind und ein hartes Leben führen, beklagte sie sich niemals. Es gibt keinen Zweifel darüber: Solche Menschen tun Gutes und manifestieren die Arbeit, obwohl es sich nicht um einen

26. »Kurz gesagt, ein guter, ehrlicher Haushälter« (ELIZABETH BENNETT: *Monsieur Gurdjieff und seine Idioten – Paris 1949.* Xanten: Chalice Verlag, 2016. Seite 242). Mehr dazu auch bei P.D. OUSPENSKY: *Auf der Suche nach dem Wunderbaren.* München: Otto Wilhelm Barth-Verlag, 1978. Seite 532 ff.

27. Der »gewöhnliche Idiot« ist gemäß Gurdjieff die erste und niedrigste von insgesamt einundzwanzig Stufen der Idiotie, deren oberste Gott ist.

Akt des Dienens handelt. Sie wusste, ob es sich bei ihrem Tun um einen Akt des Dienens handelte, oder nicht. Wovon sie keine Ahnung hatte, war, dass sie eine Manifestation des Geistes Gottes war. Das wäre der letzte Gedanke, der ihr in den Kopf gekommen wäre. Aber wie könnten wir behaupten, diese Frau sei keine Manifestation Gottes oder der Arbeit gewesen, wenn irgendjemand, der heiliggesprochen wurde, eine Manifestation Gottes ist? Wir können da wirklich keinen Unterschied machen. Ich könnte genauso gut ein Heiliger sein, von dem noch niemand etwas gehört hat, dessen Wunder nur ein paar Menschen bekannt sind. Sie sagen vielleicht dies seien Extremfälle. Es gibt nur wenige Menschen, die einfach gut sind. Aber ich kann deutlich sehen, es gibt da einiges zu verstehen. In dem Fall, von dem ich sprach, konnte es nicht ohne sehr viel Leiden und Selbstdisziplin sowie auch einem großen Pflichtgefühl dazu kommen. Ich habe keine Ahnung, ob sie irgendeinen Glauben hatte oder nicht, aber ich kann mich nicht erinnern, sie jemals über Religion oder Gott sprechen gehört zu haben.

Aber wir haben noch nicht die Brücke zur vorangegangenen Frage geschlagen, bezüglich der Person, die sich in einer Rolle natürlich und echt manifestiert. Meiner Meinung nach ist das alles eins. Immer wenn es echt ist, ist es die Arbeit, die sich manifestiert. Für die betreffende Person besteht keine Notwendigkeit, jemals darüber gehört zu haben. Das beantwortet auch die Frage: Wenn die Manifestation echt sein soll, muss eine beinahe völlige Freiheit von Selbstliebe und Wunschdenken vorliegen, dann dürfen keine Ergebnisse für einen selbst erwartet werden. Die Person, durch die sich die Arbeit auf diese Weise manifestiert, wird transformiert und erwirbt Seinsqualität.«

Rezeptiv

Das Wort »rezeptiv« oder »empfänglich« ist richtig. Es unterscheidet sich sehr von »passiv«. Wenn ein Kind sich seinem Essen gegenüber passiv verhält, bedeutet das, dass es da sitzt und das Essen anschaut und wir müssen es irgendwie zum Essen veranlassen. Wenn das Kind sich aber rezeptiv verhält, dann öffnet es zumindest den Mund. Verstehen Sie den Unterschied zwischen passiv und rezeptiv? Passivität ist ein negativer Zustand, Empfänglichkeit ist kein negativer Zustand. Hier ist wirklich kein Platz für jene Art der Passivität, bei der Sie mir einfach gegenübersitzen und erwarten, dass ich all die Arbeit für Sie tue.

Die fünfte Linie der Arbeit: Empfänglichkeit

Rezeptiv in der Gemeinschaft

DIE FÜNFTE LINIE DER ARBEIT HAT MIT DER FÄHIGKEIT ZU tun, Hilfe zu empfangen. Warum sollte das Empfangen von Hilfe als »Arbeit« bezeichnet werden? Das Erste, was der Sufi-Meister zu einem Kandidaten sagt, der sich als Schüler für seine Lehre bewirbt, ist: »Willst du dich lehren lassen?« Niemandem kann gegen seinen eigenen Willen geholfen werden, denn Hilfe kann nur unter der Bedingung gegeben werden, dass wir sie akzeptieren, nicht aber unter den Bedingungen, die wir selbst wünschen.

Das ist keine einfache Sache. Wir möchten viele eigene Dinge unternehmen; diese müssen aufgeschoben oder beiseitegelegt werden; vielleicht müssen wir uns von Dingen lösen, die wir gerade für sehr vorteilhaft und bedeutungsvoll halten. Wir können nichts in uns hereinlassen, wenn kein Platz dafür da ist. Wir können sogar die Tür öffnen und dennoch an unserer eigenen Arbeitsweise, unseren Ideen und Zuständen festhalten. Das behindert uns mehr als alles andere, und sehr oft täuschen wir uns selbst, wenn wir meinen, dass wir wirklich lernen wollen. Wir verlangen Garantien und Beweise, ohne zuzulassen, dass etwas Wirkliches mit uns geschieht.

Der Hauptgedanke der fünften Linie ist, dass sie die Verbindung mit der Arbeit darstellt, die um uns herum geschieht. Es ist eine Illusion anzunehmen, dass das Werk ausschließlich zur inneren, subjektiven Welt gehört.

Es ist zwar richtig, dass wir unseren eigenen Anteil leisten müssen, aber es ist ebenso zutreffend, dass das kaum ohne Hilfe möglich ist. Besonders am Anfang benötigen wir etwas, was uns dazu *befähigt,* das Nötige zu tun. Diese Befähigung wird manchmal »Magnetisierung« genannt. Das ist etwas anderes als Hypnose, denn es erfordert unsere aktive Teilnahme. Wenn man uns eine Übung zeigt, wird mehr vermittelt als nur eine Reihe von Anweisungen: Die Person, die uns die Übung zeigt, hat in sich eine gewisse Substanz, die aus der Beherrschung der Übung resultiert. Das »magnetisiert« uns so weit, dass wir an der Übung arbeiten können. Wir können nicht magnetisiert werden, bevor wir nicht für die tiefere Übertragung geöffnet sind. Es gibt gewisse Praktiken, die beinahe völlig auf der Vermittlung von Person zu Person basieren, oft mit nur ganz geringer Unterstützung durch Erklärungen oder Instruktionen, abgesehen von unbedingt notwendigen. Die Vermittlung des Kontakts zu tieferen Einflüssen kann auf keinerlei andere Weise geschehen. Es gibt das »Lehren von Herz zu Herz«, das ohne jegliche äußere Aktivität vonstattengeht. Das erfordert vom Schüler eine außerordentliche Empfänglichkeit, die nur durch die Entwicklung einer gewissen verfeinerten Einstellung kommt, die der Vorbereitung bedarf.

Die Weitergabe ist etwas sehr Bestimmtes und Besonderes, egal ob es sich um Wissen oder um eine Fertigkeit handelt. Wir benötigen etwas, und müssen es uns von jemandem nehmen oder borgen. Wir haben das Recht zu nehmen, wenn wir es benötigen. Dies wird manchmal mit der Idee des »bewussten Stehlens« in Verbindung gebracht, was eine nützliche Idee ist, wenn wir einmal begriffen haben, was es wirklich bedeutet. Wir verstehen es natürlich nicht, wenn wir uns allerlei falschen Vorstellungen darüber hingeben, was es bedeuten könnte. Es bedeutet: Wir nehmen etwas, was wir nicht verdient und wofür wir nicht bezahlt haben, und wir machen das bewusst. Später können wir etwas tun, um es zurückzubezahlen.[28]

Um zur Arbeit fähig zu sein, benötigen wir Hanbledzoin, wie Gurdjieff es nannte: höhere emotionale Energie. Wenn wir diese nicht haben oder nicht genug davon haben, können wir uns an bestimmte Leute wenden, die uns damit aushelfen können. Es gibt auch gewisse Orte, von denen eine Substanz abgezogen werden kann. In der Sufi-Terminologie wird diese Substanz *Baraka* genannt. Viele Muslime besuchen heute noch Heiligenschreine oder Gräber, um diese Substanz zu erlangen, so wie es viele Christen gibt, die, wenn sie Hilfe brauchen, zu Stätten gehen, die in Verbindung mit Heiligen oder Wundern stehen. Das Verständnis und der Gebrauch dieser verfügbaren Kräfte gehört zur fünften Linie der Arbeit; aber diese Kräfte gehen über die Kraftansammlung hinaus, die von außerordentlichen Menschen und außerordentlichen Ereignissen geschaffen wurden.

Wir alle brauchen einander. Wir brauchen einzelne Menschen, Gruppen und Situationen. Ohne die Aktivität anderer Leute wäre diese Arbeit kaum möglich. Das mag ganz einfach eine Sache des Erfahrungsaustausches sein oder einer Ermutigung, die man annimmt. In Gruppen werden Energien erzeugt, die für unsere Arbeit genutzt werden können. Eine mögliche Lernerfahrung können wir durch wirkliche Situationen machen, wenn wir die Situation auf uns einwirken lassen. Wir müssen zulassen, dass wir gefunden, verdaut und in einem größeren Ganzen assimiliert werden.

Hierbei ist etwas ganz besonders wichtig. Wir können uns durch eine rituelle Handlung vorbereiten und unser Inneres öffnen. Dadurch gelangen wir an den Punkt, wo etwas anderes von uns Besitz ergreift, und dann kommt es zu einer unbegrenzten Wirkung, durch die wir von anderen aufgenommen und mit ihnen vereinigt werden, zu einer einheitlichen Gemeinschaft werden. Das ist echte Initiation in eine Gemeinschaft. Gemeinsame Gottesdienste oder andere rituelle Formen sind immer dann ein Schlüssel dazu, wenn diese echte Öffnung geschieht. Es wird gewöhnlich nicht verstanden, dass die Verschmelzung mit der Gemeinschaft, in der wir uns befinden, nur der erste Schritt des Eindringens in ein tieferes Geheimnis ist, der dann ein ganzes Stück weitergehen kann zur größeren Gemeinschaft der Menschheit, dem ganzen Leben und schließlich zur letzten Vereinigung, die wir als die Gegenwart Gottes erfahren.

28. Vergleiche dazu auch das Kapitel »Hilfe« in John G. Bennett: *Transformation – Die Kunst, sich zu wandeln.* Xanten: Chalice Verlag, 2013. Seite 46 ff.

Für jene, die nicht mit dieser Linie der Arbeit in Kontakt kommen und dafür wach werden, sind die Dinge schwierig. Es ist relativ einfach, die positive Wirkung einzusehen, die uns der Einfluss eines besonderen »höheren« oder erfahreneren Menschen bringt. Es gibt den indischen Ausdruck *darshan,* für die Anwesenheit in der Gegenwart eines Gurus, oder auch den Sufi-Ausdruck *soḥbet,* der sowohl die Meisterschaft als auch die Konversation bezeichnet und sich auf den spirituellen Gewinn bezieht, den der Schüler aus dem Kontakt mit dem Meister empfängt. Aber der Gedanke, dass die Hilfe vorhanden ist, bedeutet noch etwas mehr. In der buddhistischen Trinität bezeichnet *sangha* die äußere Unterstützung, die wir für unsere Arbeit erhalten. Zuflucht nehmen zur *sangha* ist das Gleiche, egal ob es sich um die Lehre handelt, um Unterstützung, Vorbild, Energie und so weiter.

Vertrauen ist das Schlüsselwort. Das hat nichts mit blindem Vertrauen zu tun, sondern ist eine Sache tiefen Verstehens – aber auch einfachen Verstehens! – der Realität. Es ist Unsinn, sich einzubilden, das menschliche Leben sei so eingerichtet, dass keine Hilfe zu erwarten ist; doch es erfordert eine Menge Erfahrung, um fähig zu werden, die verschiedenen Einflüsse zu erkennen, die für uns wichtig sind. So wie die Lage ist, können wir ohne Hilfe wenig Hoffnung haben, uns vom Egoismus und falschen Ansichten über uns zu befreien. Diese Befreiung ist eine Wirkung der Arbeit, bei der wir empfangen und in ein größeres Ganzes aufgenommen werden. Ohne die anderen zwei Linien besteht die Gefahr, gegenüber äußeren Ereignissen in Passivität zu verfallen. Das ist nicht notwendig.

Das Leben und die Natur sind Quellen der Hilfe für uns. Es existiert eine Energie im Kontakt mit dem Leben, die wir bewusst empfangen können. Die große Natur ist ein Träger der Weisheit, und für sie offen zu sein, ist eine große Sache. Das ist etwas völlig anderes als eine emotionale Reaktion gegenüber einer bestimmten Landschaft. Es geht vielmehr um die Empfänglichkeit für die Gegenwart der Natur und darum, ein Teil ihrer Weisheit zu werden. Wie das geschieht, ist sehr interessant. Es hängt von der Tiefe unserer Dankbarkeit ab. Unsere Aufgabe ist es, dankbar zu sein für das, was uns gegeben wurde. Dies *hilft uns* zu empfangen; und das ist dic helfende Rolle, die *wir* im ganzen Geschehen zu spielen haben.

Auszüge aus Gesprächen

J.G.B.: »Gebet ist etwas, was in unserem Inneren stattfindet, es gehört deshalb nicht zur fünften Linie. Wenn Sie mich bitten, zu Ihnen zu kommen, Sie zu besuchen, ich aber keine Notiz davon nehme, auch wenn Sie weiterhin versuchen, meine Aufmerksamkeit auf sich zu lenken, dann fiele das auch nicht unter diese fünfte Linie, denn Sie sind aktiv dabei.«

Student: »Könnten Sie den Unterschied erklären zwischen Zuhören und Bemerken?«

J.G.B.: »Wenn Sie bemerken, gehen Sie aus sich heraus, Ihre Aufmerksamkeit ist auf etwas gerichtet, während Sie beim Zuhören in sich selbst ruhen müssen, um es in sich hereinkommen zu lassen.

Ich bestreite nicht, dass diese Dinge sehr eng miteinander verbunden sind. Wenn ich mir aber vornehme, den Tag hindurch meine Aufmerksamkeit auf Vorgänge und Dinge um mich herum zu richten – zu sehen, wie die verschiedenen Arbeiten erledigt werden und ob überhaupt etwas passiert ist, seit ich mich zum letzten Mal darum gekümmert habe –, dann bin ich aktiv. Vielleicht tue ich alles: gehe herum, schaue nach, wähle das aus, worauf ich meine Aufmerksamkeit richte. Bei all dem ergreife *ich* die Initiative und muss es irgendwie registrieren. Ich muss mich dabei erinnern, ich muss mir ein inneres Bild von dem machen, was ich bemerke, um die Veränderungen zu sehen, wenn ich das nächste Mal einen Rundgang mache. Falls es meine Aufgabe ist zu erkennen, was mit Ihnen in den letzten Wochen geschehen ist, muss ich Sie beobachten, sehen, wie Sie gehen, sprechen und so weiter. Bei all dem bin ich aktiv, ich nehme es in mich auf, bin derjenige, der die Arbeit hat. Aber während Sie mir jetzt zuhören, ist es Ihre Aufgabe, nicht aktiv, sondern rezeptiv zu sein, um das zu erhalten, was ich Ihnen zu geben versuche. Das sollten Sie ganz klar verstehen. In diesem Augenblick sollten Sie mir zuhören.«

Student: »Ich habe eine andere Frage. Ich glaube, dass es im Zusammenhang steht mit dem, was Sie über den Unterschied zwischen Sehen und Hören sagten. Sie sagten etwas über eine besondere Art des Sehens, die dem Zuhören entspricht. Eine Art des Sehens, bei der wir empfänglich für das Gesehene sind.«

J.G.B.: »Ja, diese fünfte Linie kann sehr tief gehen. Manchmal kann es uns sehr tief berühren. Wir richten Schranken auf und verschließen uns dem, was kommt. Ich sage zum Beispiel etwas, was Ihnen Ihre eigene Dummheit zeigt. Wenn Sie sich wirklich erlauben würden, das zu sehen, was ich Ihnen zu vermitteln versuche, kann es eine ganze Menge bewirken. Wenn Sie das nicht wollen, wenn Sie nur auf die Worte hören und sagen: ›Ich verstehe das wirklich nicht‹, dann verschließen Sie sich selbst. Es hängt alles davon ab, ob Sie fähig sind, sich zu öffnen. Das ist das Kennzeichen der fünften Linie: dass wir dazu fähig sein sollten, Dinge in uns hereinkommen zu lassen.«

J.G.B.: »Wenn Sie einen Heiligen oder Weisen besuchen, ihm gegenüber aber verschlossen sind, dann wird sich etwas Bestimmtes ereignen. Wenn Sie passiv sind und von ihm erwarten, alles für Sie zu tun, nur weil Sie zu ihm gekommen sind, wird sich etwas anderes ereignen. Wenn Sie eine gewisse Einstellung haben, die sehr verfeinert sein kann – man muss schon gut darauf vorbereitet sein –, dann kann er wirklich etwas tun. Vielleicht tut er mehr für Sie, als es Ihre Empfangsbereitschaft verdient, und vielleicht geht manches darüber hinaus; aber ganz gewiss hängt es vom eigenen Zustand in einer solchen Situation ab, was man fähig ist zu empfangen.

Wenn Sie in sich selbst frei sind, nicht fordernd – jemand sprach von ›Demut‹ –, dann kommt es zur Sympathieverbindung mit *seinen* Schwingungen und er wird Ihnen viel mehr geben können, als wenn er nur auf *Ihre* Schwingungen ansprechen würde. Wenn Sie den Ton angeben wollen, kann er nur etwas zu dem hinzufügen, was Sie bereits haben. Und wenn er weise ist, wird er gar nichts tun, weil er weiß, dass er nur Ihren Eigenwillen stärken würde.«

J.G.B.: »Ich möchte wissen, ob Sie unter diese Kategorie auch das Lesen eines Buches einordnen würden, in dem etwas steht, was man wissen muss, das man also nicht nur aus Neugier liest, um sich die Zeit zu vertreiben. Eine Person ist nicht da, ein Buch ist da. Kann man ein Buch auf eine Weise lesen, dass es dieser fünften Linie der Arbeit entspricht?«

Student: »Man kann versuchen, innerlich Kontakt mit dem Autor aufzunehmen.«

J. G. B.: »Sie erinnern sich daran, dass Sie von der Person etwas erhalten wollen. Und anstatt sich zu verschließen oder eine oppositionelle Haltung einzunehmen oder bei Ihrer eigenen Meinung über das Thema zu bleiben, öffnen Sie sich, um empfänglich zu werden. Das bedeutet nicht, dass Ihr eigenes, vorheriges Verständnis verworfen werden muss, anderenfalls wäre es so, dass Sie ans extreme Ende der rezeptiven Linie zurückgeworfen würden, das heißt in die einfache Passivität. Ich denke aber schon, dass es möglich ist, ein Buch so zu lesen, dass es Arbeit der fünften Linie ist.«

Student: »Wenn jemand etwas sagt, und Sie haben das Gefühl, es wird Ihnen persönlich gesagt, in diesem besonderen Augenblick, obwohl es so scheinen mag, als sei es im allgemeinen Zusammenhang geäußert worden, kann das aus einer Situation kommen, welche man zuvor nicht bewusst wahrgenommen hatte? Es kann auch von einer bestimmten Person gesagt werden, die man als einen Lehrer betrachtet oder zu der man eine Beziehung hat. Ausschlaggebend ist doch, dass es sich nicht um etwas so Allgemeines wie bei der Assimilation handelt, sondern um ein Wissen, das man ganz persönlich benötigt und zu dem man besonders hingezogen wird.«

J. G. B.: »Diesen Punkt halte ich für ziemlich relevant. Sie sagten, dass eine gewisse Resonanz vorhanden sein muss, dass man fähig sein muss, das Signal wahrzunehmen. Es wäre aber nicht richtig, die allgemeine Wirkung auszuschließen. Viele haben von der allgemeinen Wirkung der Umgebung gesprochen, die einem etwas für die eigene Arbeit geben kann. Es ist wichtig, so offen zu sein, dass man aus einer Situation lernen kann.

Als Teil des Trainings hier an der Akademie lassen wir Sie alle eine Gruppe Mitstudenten etwas lehren. Das gibt allen die Gelegenheit zu erfahren, was es bedeutet, von einer anderen Person zu lernen. Das kann echte Arbeit sein. Es ist aber nicht eigentlich ein Gegenstand des Kampfes mit dem eigenen Stolz und den eigenen Anstrengungen; es ist mehr eine Frage des Offenseins für genau das, was angeboten wird, unter Ausschaltung von allem anderen.«

J. G. B.: »Beim Lernen muss eine Beziehung des Vertrauens und der Annahme vorhanden sein, die es der magnetischen Kraft einer Person erlaubt, auf eine andere zu wirken. Das kommt nicht nur in unserer Arbeit vor, sondern auch beim Heilen. Jeder, der ein wirklicher Heiler ist, im Unterschied zu jemandem, der nur Medizin aushändigt und Rezepte schreibt, hat ein magnetisches Element. Dabei wird etwas von der einen zur anderen Person übertragen, vom Heiler zum Patienten, der seiner Hilfe bedarf – genauso ist es auch in der Arbeit.«

Student: »Wo gehört die Aufmerksamkeit hin?«

J.G.B.: »Gerade Aufmerksamkeit ist nicht so leicht einzuordnen. Sie scheint zur aktiven Seite zu gehören. Auf jeden Fall ist sie mit der Transformation von Energien verbunden (zweite Linie). Es ist aber nicht so klar, wie Aufmerksamkeit auf der rezeptiven Linie wirkt. Es gibt einen Aspekt, über den sie in Verbindung mit dem höheren Sein steht (sechste Linie). Aufmerksamkeit ist eine sehr tiefe Sache.«

Die sechste Linie der Arbeit: Hingabe

Empfänglichkeit in uns selbst

DIESE LINIE DER ARBEIT VERLÄUFT VOM INNEREN INS INNERE, vom Tieferen zum Oberflächlicheren, wobei das Oberflächliche nachgeben sollte. Wenn eine vollständige Unterwerfung möglich ist, ohne Vorbehalte, kann die Göttliche Kraft direkt arbeiten. Es kann keine übernatürliche Wirkung in uns geben ohne unsere Zustimmung; um aber diese Zustimmung geben zu können, muss »der Herr mit uns sein.«

Es gibt eine Tiefe in uns, einen Weg nach innen, den Weg des Inneren. Mit Hilfe der Meditation können wir tiefer gehen, aber wir sollten den Unterschied zwischen *dhyana*[29] – der aktiven Vorbereitung – und der eigentlichen Meditation verstehen, die mit der Hingabe an das beginnt, was tiefer in uns ist. Wir haben das Wort »Hingabe« benutzt, um dadurch eine Verbindung zur Bedeutung von »Islam« herzustellen, was »sich Gott hingeben« oder »unterwerfen« bedeutet. Das ist durchaus nicht passiv: Es bedarf einer positiven Art der Zustimmung: »Ja, lass es so sein. Ich will gehorchen. Ich will tun, was notwendig ist.« Die hebräischen Propheten geben viele Beispiele dieser Zustimmung zur Führung durch die innere Kraft.

Das überragendste Beispiel dafür in der christlichen Tradition ist Maria, durch deren Zustimmung die Inkarnation möglich wurde. Der heilige Lukas sah die große Bedeutung davon: »Siehe, ich bin des Herrn Magd; mir geschehe, wie du gesagt hast« [Lk 1.38].

Es gibt eine Innerlichkeit, die sich vom Persönlichen zum Göttlichen erstreckt. Jeder von uns hat seinen eigenen inneren Meister, der persönlich oder individuell ist. Der Meister ist jenseits des

29. Im Zustand von *dhyana* ist aktive Aufmerksamkeit. *Dhyana* bedeutet, über ein bestimmtes Thema zu meditieren, zu reflektieren oder seine Aufmerksamkeit darauf zu richten, also Meditation durch Schöpfung eines mentalen Bildes. Vergleiche dazu JOHN G. BENNETT: *Eine lange Pilgerreise – Leben und Lehre des Shivapuri Baba.* Südergellersen: Verlag Bruno Martin, 1985.

Mentalen. Wir müssen die richtige Einstellung zu ihm finden: Sind wir bereit, seiner Autorität zu gehorchen? Werden wir dem zustimmen, was er uns bringt? Es kann nur mit unserer Einwilligung geschehen, dass unser wirkliches Ich in uns arbeiten kann, und es ist von überragender Bedeutung, einen Weg zu finden, über den wir einen Kontakt zum Ich erfahren können, um zu wissen, was Zustimmung wirklich bedeutet. Die wirkungsvollste Methode dazu ist die Entscheidungsübung, die mit großer Sorgsamkeit ausgeführt und gelehrt werden sollte, so dass die Reinheit des Kontakts nicht durch Missverstehen und Mangel an Sorgfalt zerstört wird.[30] Und es gibt weitere Übungen, die uns auf Basis unserer Hingabe für die Wirkung höherer Kräfte in uns öffnen. Üblicherweise kommt irgendwann eine Grenze, über die hinaus die Tiefe der Hingabe nicht fortgesetzt wird. Die tieferen Stufen müssen dann über andere Mittel erschlossen werden. Das ständige Wiederholen von Hingabeübungen ist nicht sinnlos, denn dadurch entwickeln wir Qualitäten wie Geduld und andere, die ebenso erforderlich sind; aber wir müssen für das, was in uns geschieht, wachsam sein und uns daran erinnern, dass es unserer echten Zustimmung bedarf.

Zu dieser Linie gehört mehr als Meditation, *dhikr* und andere spirituelle Praktiken. Man kann die Haltung der Zustimmung mitten im Leben üben. Das bedeutet, Gott zu suchen, um Ihn zu bitten und uns an Ihn zu erinnern, soweit dies dem inneren Weg folgt. Es gibt auch ein Suchen und Fragen, welches nach außen gerichtet ist, das zur fünften Linie gehört: »Habt ihr Ihn gesehen? Bitte erzählt mir von Ihm.« Der nach innen gerichtete Weg ist anders. Er hat Ähnlichkeit mit dem Loslassen; aber Hingabe ist mehr als das.

Jeder Versuch einer Beschreibung von Hingabe führt zu Paradoxen, denn es kann nicht als gesichert gelten, dass eine Bejahung dazu vorhanden ist. Wenn unser Rezeptivsein zur sechsten Linie gehört, werden *wir selbst* verändert. Unser Sein wird aus dem Inneren *geschaffen*. Das mag dem widersprechen, was über die zweite Linie der Arbeit gesagt wurde, aber durch Kampf kommt es nicht zur Schöpfung, sondern nur zur Konzentration von Energien, die uns Kraft zum Ertragen geben. Die Schöpfung unseres Wesens ge-

30. Aus diesem Grund wird diese Übung hier nicht weiter besprochen. Detailliertes Material zur Entscheidungsübung findet sich bei Reshad Feild: *Gesammelte Werke in drei Bänden*. Xanten: Chalice Verlag, 2016. Band III, Seite 1835.

schieht von innen, von unserem Zentrum her. Durch unsere Zustimmung beginnt eine Wirkung aus dem Inneren. Wir brauchen uns dessen nicht einmal bewusst zu sein, abgesehen von Momenten tieferer Erfahrung. Wir müssen an uns selbst arbeiten, um ein Gefäß für das vorzubereiten, was von innen her gegeben wird. *Es ist wichtig, dass dieses Gefäß nicht voll ist.* Was wäre der Nutzen eines Behälters, der nur sich selbst beinhalten kann? Das ist aber der Fall in uns, wenn es uns an Zustimmung mangelt, wenn wir nicht gewillt sind, die Wirkung aus dem Inneren zu empfangen.

Die letzte Schranke zur sechsten Linie ist unser eigener Egoismus. Wir können eine so starke Vorstellung von unserer eigenen, separaten Realität konzentrieren und aufbauen, dass unser Zentrum davon erfüllt ist. Egoismus ergreift Besitz von dem Platz, der dem Meister zukommt. Wo Egoismus vorhanden ist, zieht der Meister sich in die reine, spirituelle Welt zurück, und wir haben keinen Kontakt mit ihm.

Uns den unsichtbaren Tiefen unserer selbst zuzuwenden, ist nicht leicht; doch im Grunde ist es ein einfacher Akt. Das ist in hohem Maße so, wenn wir daran arbeiten, die heiligen Impulse zu erwecken, die durch unser Fühlen Eingang finden. Die Latifas sind die Kontaktstellen in unserer Gefühlsregion zwischen uns selbst und den höheren Welten. Es kann eine Menge Zeit kosten, um uns dahin zu bringen, diesen Kontakt herzustellen; aber sobald es einmal begonnen hat, gelangen höhere Wirkungen in uns hinein. Wir kennen die heiligen Impulse des Wünschens, Hoffens und Glaubens, der Zustimmung und der Liebe. Die vierte Latifa – Einwilligung, Gehorsam – ist von besonderer Wichtigkeit. Wenn die Wirkung echt ist, vermittelt sie uns eine Erfahrung, die nicht mit »ich stimme zu« beschreibbar ist, so als sei es etwas, was ich selbst tue. Der Impuls der Einwilligung beinhaltet mich selbst, weil es sich um etwas von jenseits dieser Welt handelt. Einwilligung ist die richtige Haltung des Begrenzten gegenüber dem Unbegrenzten, des Bedingten zum Unbedingten, des Natürlichen zum Übernatürlichen.

Einwilligung beginnt mit der Bewusstwerdung eines Bedürfnisses. So wie wir sind, sind wir leer. Wir bedürfen der Füllung von innen her. Wenn wir einwilligen, erhält unser Leben eine unsichtbare Ausrichtung, Führung und Lehre vom Inneren. Es ist die Gegenwart des *Gewissens.* Durch die sechste Linie der Arbeit können wir unsere Bestimmung erfüllen und sind frei, sie anzunehmen oder nicht. Wir müssen uns zuerst der Realität der Bestimmung bewusst werden – die uns auf eine andere Weise gezeigt wird –, aber dann können wir einwilligen.

Auszüge aus Gesprächen

J.G.B.: »Es gehört zu unserem Verständnis, dass es innere Quellen gibt: die persönliche Quelle unseres eigenen höheren Selbsts, unsere eigenen höheren Zentren, unser höheres Ich. Das sind einfach unterschiedliche Ausdrucksweisen, weil man die gleiche Sache aus verschiedenen Perspektiven betrachten kann. Jenseits davon ist noch etwas: und zwar die sehr schwer zu greifende Bedeutung unseres zweiten *rukū'*[31] am Morgen, wenn wir uns daran zu erinnern versuchen, dass es eine Quelle gibt, die in jedem von uns existiert. Und eines der schwierigsten Dinge ist es, sich klar zu machen, dass die Hilfsquellen noch viel reichhaltiger sind. Wenn es einmal anfängt, dass in dieser Arbeit etwas von innen her geschieht, dann ist das wunderbar, so unerwartet; wenn man plötzlich merkt, dass einem eine Kraft zuströmt, die nicht die Frucht eigener Anstrengungen ist, die nicht durch irgendetwas verdient ist, und wenn wir wirklich fühlen können, dass es etwas in uns gibt, was stärker und weiser als dieses Selbst ist, mit dem wir leben – dann ist das eine wunderbare Sache. Aber um sich dessen bewusst zu werden, dass da eine Quelle ist, die alles Leben aufrechterhält, oder sagen wir: die gesamte Menschheit, und dass man zu dieser Quelle Zugang haben kann – wenn man tief genug in sich selbst hineingehen kann, und es ist nur auf diese Weise erreichbar, nicht von außen her –, dann ist das eine sehr große, schwer zu erreichende Sache; es ist sogar schwer, daran zu glauben. Aber es ist überhaupt nicht schwierig, wenn man in dieser Richtung sucht und sich bewusst macht, dass es eine solche innere Quelle gibt. Schließlich dringt dann etwas durch.

Lassen Sie uns das an den drei *rukū'* klarmachen. Sie sehen darin ein bewusstes Sich-dem-höheren-Wesen-Zuwenden. Es ist eine Anerkennung unserer eigenen Abhängigkeit. Es verhält sich damit

31. Ein *rukū'* ist eine Beugung in einer Haltung der Unterwerfung im islamischen Gebet, dem *namaz* (türkisch) oder *salāt* (arabisch). Im oben genannten Fall wird sie an eine meditative Morgenübung angeschlossen.

wie mit einigen anderen Dingen, über die wir gesprochen haben; es ist der Beginn eines Pfades, der weit führen kann: den ganzen Weg entlang. Die sechste Linie kann kurz so ausgedrückt werden: Es geht hier um die Anerkennung unserer Abhängigkeit von Hilfe, um unsere Bitte um Hilfe und unsere Öffnung, um die Hilfe zu empfangen. Wir sollten uns auch bewusst sein, dass wir es bei der Bitte zunächst mit der Abhängigkeit unserer eigenen niederen Natur von der höheren zu tun haben oder, um es mit der Terminologie Ouspenskys zu sagen, dass die niederen Zentren von den höheren abhängen. Im zweiten *rukū'* erkennen wir an, dass wir vom Menschsein, von der Quelle des Menschseins abhängen, dass wir die Rolle und die Aufgabe menschlicher Wesen zu erfüllen haben, die in diese bestimmte Umgebung und diesen besonderen Körper inkarnierten. Und dann gibt es das dritte *rukū'* für die höchste Quelle. Das alles hat mit der Zuwendung zu einem höheren Sein zu tun und der Annahme einer gegebenen Situation.«

J.G.B: »Das Wort ›Unterwerfung‹ oder ›Hingabe‹ (*submission*) vermittelt die essenzielle Bedeutung, dass das Höhere im Inneren wirkt. »Harnelmiatznell«[32] – das heißt, eine Wirkung des Höheren vermischt sich mit dem Niederen, um das Mittlere hervorzubringen – ist das Wort, das ich dafür gewählt hätte.«

J.G.B: »Damit die Hilfe von innen kommen kann, müssen wir sie kommen *lassen.* Wir haben sicherlich alle die Erfahrung gemacht, plötzlich zu merken, dass eine geistige Wirkung in uns vor sich geht, sobald wir irgendwie innerlich losgelassen haben. Das ist sehr eindrucksvoll bei den Bewegungen, wo es zu einem beinahe augenblicklichen Wechsel in der Art kommen kann, wie eine bestimmte Bewegung ausgeführt wird, so dass es von der zentralen Stelle in uns getan wird, die wirklich weiß, wie es richtig geht. Selbst die einfachsten Übungen gelingen nicht durch äußerliche Anstrengung. Sie müssen zu einem Teil unserer selbst werden und dann von innen her getan werden: Dann können sie für unser Sein wirken.«

32. Mit diesem Begriff beschreibt Gurdjieff die Interaktion der drei Kräfte untereinander, wobei »das Höhere mit dem Niederen verschmilzt, um gemeinsam ein Mittleres zu verwirklichen, das dadurch selbst ein Höheres für das vorhergehende Niedere oder ein Niederes für das nachfolgende Höhere wird« (G.I. GURDJIEFF: *Beelzebubs Erzählungen für seinen Enkel – Eine objektiv unparteiische Kritik des Lebens des Menschen.* Basel: Sphinx Verlag, 1981. Kapitel 39, Band II, Seite 800).

J.G.B: »Loslösung. Was ist unser Begriff hierfür? Nichtidentifizierung. Wenn jemand fragt: ›Wie erreiche ich Nichtidentifizierung?‹, lautet die Antwort: ›Durch Loslassen.‹ Deshalb gebrauche ich das Wort ›Nichtidentifizierung‹ nicht so oft wie ›Loslassen‹. Denn ich denke, dass Sie wissen, was es bedeutet. Sie kennen die Zustände des Festhaltens und des Loslassens, des Identifiziertseins und Nichtidentifiziertseins.

Nehmen wir an, wir wollten zwischen Loslassen und Unterwerfung unterscheiden. Das Wort ›Unterwerfung‹[33] bedeutet: sich etwas zu unterwerfen, was wir als höhere Autorität akzeptieren, den inneren Kräften, dem Geist, der Arbeit. Wenn wir das Wort ›Loslassen‹ verwenden, bezeichnet es etwas, was sich zwischen zwei Teilen unserer selbst ereignet.«

J.G.B: »Es ist wirklich schmerzhaft, uns selbst von allem zu entleeren, um etwas anderem zu erlauben, in uns hereinzukommen, aber genau das geschieht in der Entscheidungsübung. Aus diesem Grund müssen wir an die Entscheidungsübung wirklich mit Achtung herangehen, denn in dem Augenblick, wenn wir sagen: ›Werde ich das tun?‹, bringen wir auch zum Ausdruck, dass wir einwilligen, dass wir dem Willen erlauben, von uns Besitz zu ergreifen. Wenn es sich wirklich ereignet – und jene unter Ihnen, die es erlebt hatten, wissen unzweifelhaft, *dass* es sich zuweilen ereignet –, dann sind Sie der Entscheidung vollkommen sicher. Sie können alles damit Zusammenhängende ganz vergessen, brauchen sich keine weiteren Sorgen zu machen, denn es wird ohne Zweifel zur Aktion kommen, und Sie werden sich selbst dabei erleben, wie Sie es tun. Das alles hat seinen Grund darin, dass, nachdem Sie einmal zugestimmt haben, die Handlung in Ihnen empfangen wurde.

Jemand sprach über Verpflichtung. Das Element der Unvermeidbarkeit in der sechsten Linie ist anders. Das bedeutet nicht, dass wir in der sechsten Linie keinerlei Unterscheidungsvermögen benötigen oder dass es keiner Vorbereitung bedarf. In unserer Entscheidungsübung haben wir wiederum etwas, was dem *dhyana,* der Meditationsvorbereitung, sehr ähnlich ist. Wenn wir entscheiden, kontemplieren und bereiten wir die Aktion in uns vor. Hinterher wird es dieser Wirkung erlaubt, in uns einzugehen, besonders in unseren Körper, und dann kommt der Moment der

33. »Hingabe« wäre wohl der bessere deutsche Ausdruck, weil er Freiwilligkeit, Zustimmung oder Einwilligung mit enthält.

Vereinigung, wenn das Höhere Besitz ergreift. Danach hängt es nicht mehr länger von uns ab. Das Spirituelle übernimmt die Führung, so wie es sein sollte – und warum? Einzig und allein aufgrund der Tatsache, dass wir zugestimmt haben.«

Die siebte Linie der Arbeit: Annahme – Reinheit

Rezeptiv in der Welt

LASSEN SIE UNS GLEICH ZU ANFANG SAGEN, DASS WIR IN DER siebten Linie Hilfe erhalten, von der wir nicht wissen, wie wir sie erbitten können, noch welche Form der Empfangsbereitschaft dafür notwendig ist. Wir können nichts tun, um uns diese Hilfe zu verdienen. Es ist tatsächlich Gnade.

Dabei handelt es sich nicht um etwas Abgehobenes. Es gibt eine spirituelle Wirkung, die die ganze Welt durchdringt, und wir können unter ihren Einfluss kommen, ohne dass es in unseren Handlungen oder äußeren Ereignissen einen Grund dafür gäbe. Ohne diese Gnade wäre nichts für uns möglich.

Die Schlusselerfahrung der Gnade, obwohl das oft nicht auf die richtige Weise verstanden wird, ist das *Erwachen.* Bewusstsein kommt in uns herein. Gerade sind wir noch im Schlafzustand, und im nächsten Moment sind wir wach. »Eben war ich noch blind, auf einmal sehe ich«, sagt der heilige Paulus. Echtes Erwachen geschieht spontan.[34] Man kann nie behaupten, wir hätten es uns verdient. Wenn Menschen versuchen, anderen dabei zu helfen aufzuwachen, indem sie ihnen »Schocks« versetzen, wird etwas unersetzlich Wertvolles zerstört. Wenn man auf diese Weise von außen her das Erwachen von Menschen forciert, um diesen Effekt zu erzielen, schafft das eine Abhängigkeit, die sie des Kanals der Gnade be-

34. Dies ist die wesentliche Bedeutung von »Dschartklom«. Siehe Fußnote 22, Seiten 63, 64.

raubt. Wir dürfen uns in Verbindung mit dem Erwachen nicht einschalten. Es sollte Gelegenheit erhalten, sich in uns zu ereignen. Das Wort »Annahme«, das wir für diese Linie der Arbeit gewählt haben, bedeutet, dass es unsere Rolle ist, ganz einfach zu akzeptieren, was in uns geschehen ist. Wenn es geht, geht es. Versuche, am Inhalt der Erfahrung haften zu bleiben, verzerren sie und machen es der Wirkung schwer, sich in uns zu entfalten.

Der höhere Zustand lässt neue Möglichkeiten zu. Im Moment des Erwachens haben wir die Macht zu wählen. Im Augenblick zuvor hatten wir keine Wahl. Das ist richtig, und es ist notwendig, die Macht der Wahl zu nutzen. Das unterscheidet sich sehr von dem Versuch, sich in diesen Zustand einzumischen, was nicht unsere Aufgabe ist.

Ohne eine gewisse Art nichtkausaler Aktion außerhalb von Zeit und Raum könnte nichts wirklich begonnen werden. Wenn wir uns erinnern, wie wir mit der Arbeit in Kontakt kamen, müssen wir zugeben, dass es in kausalen Begriffen ziemlich unerklärlich bleibt.

Diese unaufgeforderte Hilfe kann manchmal in Form außergewöhnlicher Lebensschwierigkeiten zu uns kommen und sich auf schmerzhafte Weise bemerkbar machen. Wir fühlen uns entblößt: All unsere natürlichen Tendenzen rebellieren gegen das, was sich ereignet, und versuchen, uns davon zu überzeugen, dass die Arbeit unmöglich für uns geworden ist. Später, manchmal sehr viel später, können wir einsehen, dass das, was wir für eine Katastrophe hielten oder für ein grausames Unglück, der einzige Weg war, der uns einen Schritt vorwärts machen ließ. Nichts, was wir oder andere Personen hätten tun können, hätte uns diese Gelegenheit verschaffen können. Alles, was in solchen Augenblicken nötig ist, ist unsere Annahme, es durchzustehen und nicht abzuweisen. Dann wird das Unmögliche nicht nur möglich, sondern es geht einfach.

In der Bergpredigt sagt Jesus: »Selig sind die reinen Herzens sind, denn sie werden Gott schauen.« Reinheit des Herzens ist ein notwendiger Zustand. Diese Reinheit ist eine Erkenntnis unserer Nichtigkeit. Es ist eine sehr konkrete und spezifische Erkenntnis; weder ist es Verzweiflung, noch befreit es uns von der Verpflichtung zur Arbeit. Wir können relativ rein sein, und das in einigen Augenblicken mehr als in anderen. Wenn diese Reinheit kommt, befinden wir uns in einem wunderbaren Zustand der Erleichterung und Dankbarkeit. Eine große Last wird abgeworfen – die Last, die mit uns selbst zu tun hat, die Last Christians [in John Bunyans *Pilgerreise*] – und wir können aufatmen. Jede Art der empfangenen Hilfe enthält etwas davon, aber in der siebten Linie kommt es zu dieser Leichtigkeit und Freude ohne jeglichen Grund, und der Zuschauer ist verblüfft. Wir sind glücklich und sehen die Wahrheit von Bunyans »überfließender Gnade«.

Wie die Gnade in den Umständen und Erfahrungen des Lebens zu uns kommt, ist jenseits unseres Verstehens. Durch alle Verwicklungen menschlichen Lebens erreicht uns die Hand aus dem Himmel. Die Situation muss von der relativ unendlichen Erfindungskraft höherer Kräfte für uns geschaffen werden. Es gibt eine Intelligenz, die auf vollkommen unglaubliche Weise den verborgenen Teil der Arbeit leitet.

Wir sollten jedoch nicht denken, dass wir, wenn wir uns hier über die höheren Kräfte unterhalten, es ausschließlich mit jener übernatürlichen Gnade zu tun haben, die zu den Heiligen kommt. Ein gutes Beispiel für die siebte Linie der Arbeit ist auch, einen Sinn für Humor zu haben. Wir haben ihn, oder wir haben ihn nicht. Er ist nicht verdient und bedeutet einen echten Segen für unser Leben.

Wenn wir es so sehen, dass es sich bei der siebten Linie um ein Akzeptieren dessen handelt, *was wir nicht erwarten,* liegen wir nicht besonders falsch. Das Unerwartete kann zu jeder Zeit und durch jedes Mittel zu uns kommen. Was wir akzeptieren, ist die Gelegenheit. Wir kommen zu dem Augenblick, in dem wir sehen, *dass das Werk uns widerfahren ist,* und wir können – ganz gleich, was wir auch tun – nicht entkommen. Wir akzeptieren die Tatsache. Das befähigt die Arbeit, sich in uns zu erfüllen.

Der wirklich außerordentlichste Aspekt der siebten Linie beruht darauf, dass in ihr jeder Teil von uns, ganz gleich wie tief er ist, an der Außenseite liegt. Es ist das Wirken Gottes in der Seele. Die siebte Linie – falls wir das wirklich begreifen können – ist das vollkommene Gegenteil der ersten. Wir sind nicht länger die Innenseite, sondern die Außenseite. Das Wirken geschieht von der Innenseite zur Außenseite, aber wir sind das Äußere. In der siebten Linie ist sogar unser höheres Selbst außerhalb.

Auszüge aus Gesprächen

J.G.B.: »Unsere Aufmerksamkeit ist uns jetzt, oder wenigstens im Augenblick, verfügbar. Die ursprüngliche Erfahrung ist die Basis, die Grundlage, auf der alle Möglichkeiten der Transformation aufgebaut werden. Angenommen, wir erlebten nicht diese spontane Veränderung, die uns dazu befähigt, etwas zu bemerken, dessen bewusst zu sein, was sich ereignet, zu trennen – dann würde es für uns keine Möglichkeit geben, etwas zu tun. Zwischen dieser und dem Wunder des blind geborenen Mannes, der geheilt wird, was eine gute Illustration dieser Arbeit darstellt, gibt es Momente der Eingebung, in denen uns etwas enthüllt wird, was wir vorher nicht sehen konnten. Aber etwas geschah, was uns neue Möglichkeiten gibt, von denen wir wissen, dass wir sie nicht selbst hervorgebracht haben. Und wir wissen auch, dass es nicht jemand außerhalb unserer selbst ist, der es getan hat. Für gewöhnlich wissen wir nicht einmal, wie erstaunlich es ist.«

Student: »Ein- oder zweimal während der Morgenübung kam es zu zeitlosen Augenblicken, in denen mir ein Geschenk gegeben wurde, nur ein kleines Geschenk. Ich war fähig, die Übung zu verstehen. Eines Tages, als wir die Latifa-Übung[35] machten, und ich zur Latifa des Glaubens kam, für einen Augenblick, bestimmt von außerhalb meiner selbst und nicht von innen her, kam etwas und zeigte mir, was Glauben ist. Es scheint mir, als sei das ein Geschenk der Gnade gewesen, das Geschenk eines Augenblicks des Verstehens.«

J.G.B.: »Ja, das ist so. Das ist ein sehr gutes Beispiel für die siebte Linie.«

J.G.B.: »Es ist etwas, was ein Geschenk, eine Gnade ist, und es ist wirklich das Wichtigste, denn damit fängt alles an. Aus irgendeinem Grund wurde mir heute bei der Morgenübung plötzlich etwas über den Unterschied zwischen den Engeln bewusst. Einige Engel, deren Bewusstheit immer die gleiche ist und deren Aufmerksamkeit immer auf das gerichtet ist, was von ihnen erfordert

35. Detailliertes Material zur Latifa- und weiteren Übungen findet sich bei Reshad Feild: *Gesammelte Werke in drei Bänden.* Xanten: Chalice Verlag, 2016. Band III, Seite 1841.

wird, haben keine Möglichkeit zur Transformation; was sie sind, das sind sie. Es gibt aber andere Engel, die Möglichkeiten haben. Als dies alles zu mir kam, dachte ich so bei mir, dass ich irgendwo gelesen habe, Engel gingen niemals schlafen, und ich dachte, dass Engel, die niemals schlafen gehen, auch niemals etwas erreichen können. Aber dann kam mir, dass da noch andere Engel sind, die auch manchmal schlafen gehen, und dass solche Engel alle Arten von anderen Möglichkeiten haben. Aber warum ich daran im Zusammenhang mit Engeln gedacht habe, das weiß ich nicht.«

J.G.B.: »Müssen wir nun sagen, dass das nichts mit uns zu tun haben kann, dass dies eine Art der Arbeit ist, die keinerlei Beitrag unsererseits verlangt? Doch, auch unser Beitrag wird verlangt, denn es hängt von unserem Allgemeinzustand ab. Leute, die es sich erlauben, von äußeren Dingen besessen zu sein und sich mit ihnen zu identifizieren, mit ihren emotionalen Zuständen und so weiter, gehen durch Tage, Wochen und möglicherweise Monate, ohne jemals zu erwachen, ohne sich je bewusst zu werden, dass die Welt ein wundervoller Ort ist. Das ist ihre Tragödie. Für Kinder ist die Welt immer ein wunderbarer Ort, die ganze Zeit. Was also, könnten wir fragen, ist es, was es dieser siebten Linie der Arbeit erlaubt, sich dem einen mehr zu zeigen, dem anderen aber weniger?«

Student: »Sehnsucht?«

J.G.B.: »Nein, das ist es nicht – obwohl ich glaube, dass eine Menge davon nötig sein mag als Bedingung dafür, dass sich etwas ereignet. Aber ich könnte mir vorstellen, dass ich, wenn ich ein Wort zu finden hätte, ›Reinheit‹ benutzen würde. Können Sie sehen, dass das Wort ›Reinheit‹ in diesen Zusammenhang passt? Es besteht ein Unterschied zwischen Reinheit und Unterwerfung. Wenn jemand rein ist, braucht er sich nicht zu unterwerfen, er braucht noch nicht einmal rezeptiv zu sein: Es kommt von selbst zu ihm. Ich denke, das ist das Wort, wir können es hier verwenden.«

J.G.B.: »›Selig sind die reinen Herzens sind, denn sie werden Gott schauen.‹ Gott wird nicht gesehen, indem man nach Ihm Ausschau hält; Er wird nur dann gesehen, wenn man nichts ist. Das Wort ›Reinheit‹ bezeichnet fraglos dieses: ohne sich selbst zu sein. Aber das Eigenartige mit uns ist, dass, obwohl wir so voller Ego sind und so von uns selbst besessen, dass dieses Selbst uns dauernd beherrscht, es doch so ist, dass wir die meiste Zeit *ohne* Selbst sind! Und deshalb kann uns dies geschehen, wie Gurdjieff sagte, zwischen der größten Intensität der Selbstverlorenheit und der größten Intensität der Selbstfindung. Das ist nicht jenseits unserer Macht. Sobald wir in dieser Arbeit erfahrener werden, können wir uns selbst aus dem Weg gehen – uns von uns selbst entleeren. Und dann, das kann ich Ihnen versichern, dann kommt es. Niemals das, was man erwartet, und niemals mit dem Gefühl, man hätte es verdient. Diese Sache, die viele Mystiker, wie etwa der Autor von *Die Wolke des Nichtwissens,* in ihren eigenen Erfahrungen erkannt haben, dieses ›sich seiner selbst entleeren‹, ist die Voraussetzung dafür, dass sich etwas ereignen kann, was sich ereignen muss, was wesentlich oder notwendig für uns ist. Das ist die Art, wie es kommt, und dabei handelt es sich um die reine Arbeit der rezeptiven Kraft.«

J.G.B.: »Nehmen wir jetzt das, was jemand über Selbstnichtigkeit sagte. Es bedeutet, dass wirklich nichts im Wege steht. Wenn wir über Rezeptivität sprechen, sind wir da, um zu empfangen. Die interessante Sache bei diesem Erwachen, bei diesem Geschenk, das zu uns kommt, durch das wir erwachen und sehen, dass die Welt wundervoll ist, ist, dass es nicht zu uns kommt, wenn wir versuchen, in den Zustand der Selbsterinnerung zu kommen. Es kommt zu uns, wenn wir schlafen, wenn wir nicht da sind. Das, was passiert, wenn wir an uns selbst arbeiten, ist anders.

In der Geschichte des Blindgeborenen versuchten sie, ihn davon zu überzeugen, dass Jesus, der ihn wieder sehend machte, ein Sünder sei. Der Geheilte sagte darauf: Ob er ein Sünder ist oder nicht, das weiß ich nicht. Was ich weiß, ist, dass ich blind war und jetzt sehen kann.« In solchen Momenten ist es keine Frage, wie es dazu kam, ob ich es verdient habe oder nicht. Die Wahrheit ist: Ich war nicht da.

Student: »Die Abdal?«[36]

J.G.B.: »Abdal – ja – ›die, die ausgetauscht werden‹. Die mit ihnen verbundene Idee ist, dass sie rein und deshalb dazu befähigt

36. Ein Begriff aus dem Sufismus, der eine Gott nahestehende Person oder eine Klasse von heiligen Menschen bezeichnet. Die traditionelle Lehre besagt, dass es jederzeit vierzig Abdal gibt, welche die Pfeiler sind, die die Arbeit des spirituellen Pols des jeweiligen Zeitalters, den Qutb, unterstützen. Die Abdal werden als für den unvollendeten Menschen unsichtbar gehalten.

sind, eine Göttliche Gunstbezeugung in die Welt zu bringen. Nun, das soll genug sein, um Sie daran zu erinnern, dass man nicht vollkommen rein sein kann und recht weit entfernt ist von vollkommener Unterwerfung. Obwohl Reinheit einen Zustand darstellt, den wir schwerlich mit uns selbst in Verbindung bringen werden, muss er doch zu einem gewissen Grade in uns vorhanden sein, und Desillusionierung mit sich selbst ist ein echter Zustand der Reinigung. Die Illusionen, die wir über uns selbst haben, sind wirkliche Verunreinigungen.«

J.G.B.: »Wir müssen die siebte Linie von unserem Standpunkt her betrachten. Können Sie verstehen, *wem* gegenüber sich Wunder ereignen? Nehmen wir die Geschichte der Samariterin, die zu Jesus ging und ihn bedrängte: ›Meine Tochter ist vom Teufel besessen, willst du sie ansehen?‹ [Mt 15.21–28]. Sie war sehr aktiv. Aber was ist wirkliche Aktivität? Es hing völlig von etwas ab, was sie nicht selbst kontrollieren konnte, wofür sie nichts tun konnte. Jesus sagte: ›Ich bin nicht gesandt denn nur zu den verlorenen Schafen von dem Hause Israel.‹ Damit ist die Geschichte nicht beendet. Sie sagte: ›Ja, aber die Hunde essen die Krümel, die vom Tisch des Herrn fallen.‹ Dann blickt er auf sie und sagt: ›Wenn es so ist, wenn du diese Art des Glaubens hast, dann kann es getan werden.‹ Und die Tochter wird geheilt. Das Gleiche geschieht in der Geschichte des Hauptmanns [Mt 8.5–8] und in vielen anderen Fällen. Wenn du ›das‹ hast, kann es getan werden. Was ist dieses ›das‹?

Man kann nicht sagen, dass es aufgrund einer entsprechenden Aktivität unsererseits geschieht. Tausende liefen Jesus nach, und er rannte vor ihnen weg; aber für einige ereignete sich Außerordentliches, weil sie über etwas verfügten, was es ermöglichte. Wir sollten vermutlich sagen, dass es Glaube war; aber der Glaube allein zieht nicht diese andere Sache in Betracht, nämlich das zu sehen, was angeboten wird. Es hat eine bestimmte Qualität in sich, die sich sowohl von dem unterscheidet, was wir als ›Rezeptivität‹ bezeichnen, als auch von dem, was wir ›Unterwerfung‹ nennen. Das Wort *Gnade* scheint sehr gut zu passen, und ich glaube, dass wir früher immer das Wort ›Gnade‹ verwendet haben, wenn wir darüber sprachen. Aber ich fühlte, dass es noch nicht das ausdrückte, worauf es ankommt. Sie mögen sagen, dass in all den Fällen, die ich zitiert habe, der Empfänger immer darum gebeten oder sogar gebettelt hat, dass es sich also sicher um einen aktiven Zustand handelt, aber das ist nicht das Ausschlaggebende. Ausschlaggebend ist, dass etwas sehr Spezifisches in diesen Menschen zu sein hatte, um es möglich zu machen. Sie mussten von dem Gedanken frei sein, ein Anrecht darauf zu haben, dass sie es auf irgendeine Weise verdient hätten. Sie mussten den Glauben haben, dass es sich wirklich ereignen konnte. Aber ich denke, auch das trifft noch nicht den Punkt.«

J.G.B.: »Als ich den Kontakt zur Arbeit fand, hatte es nichts mit dem zu tun, was ich sonst tat. Natürlich suchte ich nach etwas, aber ich dachte, dass ich dazu in der Lage sei, es aus eigener Kraft zu finden, durch meine eigenen Experimente und durch das Erwerben von Kenntnissen durch andere Leute. Mit anderen Worten: Ich dachte, dass es allein von meiner eigenen Initiative und meinen eigenen Kräften abhinge. Es dauerte lange, bis ich das Geschenk der Ereignisse zu würdigen wusste, die mich mit der Arbeit in Berührung gebracht hatten. Ich traf ganz einfach Menschen im Rahmen von unabhängigen Zufällen: Ouspensky, de Hartmann und Gurdjieff in der Türkei und Forbes Adams in London. Forbes Adams begann mir von der Arbeit zu erzählen – er hatte Ouspensky kennengelernt – und war dazu bestimmt, mich der Arbeit zuzuführen. Er hatte keine Ahnung von meinen vorherigen Kontakten. Dann sah ich, dass die Arbeit mich nicht mehr gehen lassen würde und dass ich gefangen war, ohne es gemerkt zu haben.«

J.G.B.: »Ich weiß nicht, ob jemand von Ihnen bemerkt hat, dass manchmal bei unseren Morgenübungen mit den heiligen Impulsen wirklich etwas in uns hereinkommt, dass wir wissen, was es bedeutet, und dass jeder andere Zugang zu diesem Wissen keine Bedeutung hat. Und dann fragen wir uns: ›Wie kommt es, dass ich das wirklich weiß?‹ Sie können ganz sicher sein, dass das dann ein Moment ist, in dem Sie von sich selbst wirklich leer sind.

Ich erinnere mich an einen Fall, als mir das während des Krieges passierte. Viele echte Schwierigkeiten kamen in mancherlei Hinsicht in mein Leben. Ich fand mich plötzlich in einem Zustand völligen Missverstehens mit Ouspensky und schnitt den Kontakt zu seiner Arbeit ab. Ich hatte keinen Kontakt zu Gurdjieff und mein Leben verlief ungut. Das betraf meine persönlichen Beziehungen und alles. Außerdem verlor ich meinen Job. Ich kämpfte damit, die Dinge wieder in Ordnung zu bringen, und auf einmal sah ich, dass, wenn alles schief gehen würde, ich von der ganzen Last befreit wäre. Ich fühlte eine derartige Erleichterung, dass ich mich selbst im Himmel wähnte, und ich werde nie das Gefühl vergessen, diese vollständige Freude, als ich sah, dass es absolut nichts ausmachte, wenn alles schiefging. Ich erkannte dann, wie diese Sache wirkte und dass alles, was von uns verlangt wird, ein einziger Moment des Akzeptierens ist, der unbedingten Annahme der Situation, und dass dann vollkommen neue Dinge sich zu ereignen beginnen. Andersherum geht es aber nicht. Es geht nicht, wenn wir einfach Schwierigkeiten auf uns nehmen, wenn wir es zulassen, dass Dinge falsch laufen.«

Initiation und Gottesdienst

JEDE DIESER LINIEN DER ARBEIT HAT EINE UNBEGRENZTE Tiefe, aber Gleichgewicht zwischen den Linien ist notwendig. Für einige Menschen mögen bestimmte Linien »natürlich« sein und es bereitet ihnen keinerlei Schwierigkeit, die Arbeit der betreffenden Linie zu machen. Auf diese Weise sind sie von der einen oder anderen Art besonders angezogen und vernachlässigen andere. Für einige wird es am wichtigsten sein, Dinge zu verstehen (erste Linie), für andere ist es Selbstdisziplin (zweite Linie), für andere das Gemeinwohl (dritte Linie), für andere eine Sache der Anhänglichkeit an einen Lehrer oder Guru (fünfte Linie), für andere, die innere Wirkung zu finden (sechste Linie). Menschen wie Künstler werden den Weg der Manifestation suchen (vierte Linie) und andere suchen nur das Wirken der Gnade (siebte Linie).

Indem man nun der einen oder anderen dieser Linien folgt, mag das Verständnis wachsen, dass man alle anderen ebenfalls braucht, um weiterzukommen. Viele tapsen aber auch in die Falle, eine Linie ganz und gar abzulehnen, weil es so scheint, als sei das, was diese Line beinhaltet, gegen ihre innere Zielvorstellung gerichtet. Für den Menschen, der dazu neigt, den Pfad der Selbstdisziplin und des inneren Kampfes zu gehen, ist es zuweilen hart, die Notwendigkeit zu akzeptieren, Hilfe zu empfangen und dabei Anstrengungen und Kampf beiseitezulassen. Ähnlich ergeht es dem Menschen, der sein innerstes Wissen für zu gering hält, für zu fehlerhaft, um die innere Reinigung zu vollbringen, die er begehrt: Er kann nicht akzeptieren, dass Disziplin und intelligente Anstrengungen einen Platz in der Arbeit haben.

Ganz allgemein können wir sagen, dass keine der aktiven Linien der Arbeit dazu führen kann, unseren Egoismus zu beseitigen. Das kann nur geschehen, wenn wir nachgeben und uns leeren. Gleichzeitig wäre der Mensch ein armseliger Träger der spirituellen Realität, wenn er nicht Seinsstärke, Verständnis und Gewandtheit im Dienen dazuerworben hätte. Wir sind vielleicht nicht der Schriftsteller, sondern lediglich der Bleistift, doch wir müssen gespitzt oder geschärft werden, um nützlich zu sein.

Für diejenigen, deren Aufgabe es ist, Menschen in ihrer Arbeit zu beraten, ist es wichtig zu erkennen, welches die Linien sind, die vermieden werden. Einigen fällt es sehr schwer, sich belehren zu lassen. Andere sehen die Notwendigkeit nicht, Material assimilieren zu müssen, welches nicht offensichtlich mit ihren Bedürfnissen und ihrer Situation in Verbindung zu stehen scheint. Der Berater muss dann einen Weg finden, die Linie zu öffnen, die vermieden wird; sonst könnte die Arbeit unausgeglichen sein und in einer Sackgasse enden. Das ist eine schwierige und praktische Angelegenheit, in der allgemeine Regeln nicht viel helfen.

Die sieben Linien der Arbeit stellen das Spektrum dar, in das wir das einzigartige Licht der Arbeit aufgelöst haben. Wenn wir mit einer wirklichen Praxis beginnen, sollten wir nicht annehmen, dass etwas auf eine einzige Linie begrenzt sei. All das zu lernen, ist sehr wichtig, wenn wir etwas von der praktischen Seite der Initiation zu erfahren wünschen.

Wir mögen versucht sein, die harmonische Entwicklung als stufenweisen Vorgang zu behandeln, so als gebe es eine bestimmte Reihenfolge. Die Idee verschiedener Stufen ist bequem und leicht zu begreifen, bringt uns aber nicht bis zum Ende des Weges. Eine Linie nimmt nichts von einer anderen, sondern sie bringt, was die andere nicht hat. Es gibt eine Bewegung in Richtung Vollständigkeit, die in der Arbeit enthalten ist.

Wir beginnen, eine Lehre zu assimilieren (erste Linie), aber dann kommt es zu dem Punkt, wo wir etwas »damit anfangen« müssen, etwas tun müssen, um uns selbst zu verändern (zweite Linie); Wissen muss mit Sein in ein Gleichgewicht gebracht werden. Wir möchten unserem Nächsten helfen (dritte Linie). Wir müssen verstehen, was erforderlich ist (erste Linie). Wir stellen fest, dass dazu das Freisein von »innerem Bedenken« notwendig ist, was wiederum Arbeit an uns selbst verlangt (zweite Linie). Dann wiederum muss der Kampf mit uns selbst den Weg für eine von innen kommende Wirkung freimachen (sechste Linie). Wir können uns nicht selbst reinigen. Um die Arbeit zu beginnen, benötigen wir Hilfe. Wir brauchen die Gnade, die uns zur Arbeit hinführt (siebte Linie). Sie wird in jedem Augenblick des Erwachens empfangen. Dann, etwa um in Übungen wie unsere Morgenübung eingeweiht zu werden, gibt es die Hilfe, die wir von anderen benötigen (fünfte Linie), die bereits etwas »in sich gebildet« haben. Wir benötigen diese Hilfe auch, um uns selbst zu sehen und kennenzulernen.

Diese generellen Beschreibungen erfordern sehr viel Erfahrung, bevor sie konkret werden können. Aber sie helfen zu sehen, dass keine der Linien vor einer anderen kommt, jede ist ein Anfangspunkt, jede auch ein Hilfsmittel. Für das Werk müssen alle Linien gegenwärtig sein. Es ist nicht einfach zu sagen, wieviel von jeder einzelnen. Tatsächlich bedeutet die Frage nach dem »wieviel« nicht sehr viel. Das echte Werk ist zeitlos; es ist die Vorbereitung, die Zeit erfordert.

Wir können nicht zu dieser Arbeit kommen, ohne etwas zu tun, ohne uns für etwas einzusetzen. Uns sind Praktiken aus der Tradition der Arbeit gegeben, die uns »etwas zu tun« geben, was uns dazu befähigt, zur Wirklichkeit zu gelangen. Die Aktivitäten und das Material aus der Überlieferung sind Manifestationen der Arbeit, die in sich selbst intelligent sind, obwohl sie zu reinen Schalen, zu Äußerlichkeiten, reduziert werden oder sogar unwirksam gemacht werden können, weil der Ort, die Leute oder die Umstände nicht geeignet sind. Es gibt eine allen Menschen gemeinsame Weisheit, so dass wir sogar in einer äußerlichen Form an der Arbeit teilnehmen können.

Wir können diese Ideen besser verstehen, indem wir das Beispiel der Gurdjieffschen Bewegungen[37] betrachten. Diese sind wichtig und illustrieren, auf welche Weise eine Übung aus der Tradition der Arbeit uns dazu befähigen kann, den Übergang von einer Linie zur anderen zu machen.

In erster Linie dienen die Bewegungen der Entwicklung unserer eigenen Kräfte. Sie erfordern physische Anstrengung. Sie sind kraftvolle Mittel zur Selbstbeobachtung. Sie helfen uns, unsere Zentren zu koordinieren und Energien zu transformieren. Ein großer Teil unserer Arbeit gegen das Mögen und Nichtmögen, gegen Zuneigung und Abneigung, fällt darunter.

Zweitens werden die Bewegungen für das Wohl anderer durchgeführt, das heißt als Manifestation. Sie haben eine magnetische Wirkung auf Menschen. Durch sie werden Menschen von der Arbeit angezogen. Sie vermitteln einen Geschmack dessen, was möglich ist.

Drittens können die Bewegungen einfach als rein kultischer Akt (oder Gottesdienst) durchgeführt werden. Das ist dann der Fall, wenn wir sie um der Perfektion willen tun. Es ist möglich, uns

37. Siehe Fußnote 21, Seite 62.

selbst aus dem Tanz »wegzulassen« und uns nicht um seine Wirkung auf andere Leute zu kümmern, sie wirken dann wie alles, was mit Gebet und Gottesdienst zu tun hat.

Im Gottesdienst liegt auch Manifestation, aber sie hängt nicht davon ab, dass eine Rolle wie bei einem Schauspieler vor einer Zuschauergruppe durchgespielt wird. Alle Beteiligten sind gleich, und es kann jene Vollkommenheit »unseres Vaters im Himmel« gegenwärtig sein.

Menschen, die kein richtiges Verständnis von Religion haben, sind durch echte, hingebungsvolle Beschäftigung mit den Bewegungen zu einem Sinn für das Übernatürliche und damit zum Gottesdienst gelangt.

Es ist außerordentlich, was alles beginnen kann, wenn wir durch den Lernprozess gegangen sind und die Bewegungen »von außen aufgenommen« haben, wenn wir mit unserem Körper und uns selbst gekämpft haben, um sie zu einem Teil von uns zu machen. Dann wird die Bewegung in uns frei. Dann ereignet sich etwas in uns, was mit einem Respekt vor der Bewegung beginnt, mit einer Ehrfurcht, die entsteht, wenn wir uns von unserer Selbstliebe und Eitelkeit nicht die Eindrücke wegnehmen und uns nicht von ihnen in Besitz nehmen lassen.

Ganz besonders davon beeindruckt war eine Gruppe von Menschen, die im Winter 1938/39, kurz vor dem Krieg, in London an einer Vorführung der Bewegungen arbeiteten. Die damaligen Bewegungslehrer nahmen es viel ernster, als es in der Prieuré[38] üblich gewesen war, wo diese Tänze [unter direkter Anleitung von Gurdjieff] viel freier und leichter gelehrt wurden. Hier in London bestand man darauf, sie als etwas Heiliges zu behandeln und dass es ein Privileg sei, durch die Bewegungen etwas Ausdruck zu verleihen.

Das kann sicherlich zu etwas Affektiertem werden und Übelkeit verursachen. Dennoch steckt auch durchaus eine richtige Haltung dahinter, wenn wir uns vergegenwärtigen, dass wir bei den Bewegungen leer von uns selbst sein und dennoch die äußerste Meisterschaft über sie gewinnen müssen. Das ist die Bedingung, die die dritte Kraft hinzukommen lässt.

Wir haben es also mit zwei wichtigen Übergängen zu tun. Erstens, wenn die Bewegung von innen her, von unserem Wesen her

38. Das Château du Prieuré in Avon bei Fontainebleau, wo Gurdjieff sich von 1922 bis 1933 niedergelassen hatte und mit seinen Schülern aus aller Welt arbeitete.

zu arbeiten beginnt. Am Anfang ist es unser Verstand (*mind*), der den Körper die Bewegung lehrt; dann ist es der Körper, der uns etwas über die Bewegung beibringt. Unsere Körper sind dem Wesenskern am nächsten. Zweitens kommen wir zu einer Verehrung für die Bewegung selbst als einer geheiligten Wirklichkeit. Das ist die spirituelle Arbeit.

Wir können die Praxis der Meditation betrachten. Diese findet ausschließlich auf der rezeptiven Seite statt, aber es gibt wichtige Übergänge. Der Shivapuri Baba beschrieb drei Stadien: *dharana, dhyana* und *samadhi,* die der fünften, sechsten und siebten Linie entsprechen.

Im *dharana* bringen wir uns in die richtige innere Haltung für die Meditation. Bhante Dharmawara[39] lehrte uns, bei Beginn der Meditation unseren guten Willen allen Kreaturen zu senden und seiner Führung gegenüber empfänglich zu sein. Der Raum, das Räucherwerk, die Worte, die gesprochen werden – all das hilft, um uns selbst in die richtige Verfassung zu bringen. Wir können durch das Lesen der Schriften »eingestimmt« werden oder durch das Betrachten von Heiligendarstellungen oder das Rezitieren von Gebeten.

Im *dhyana* beginnt dann die Meditation selbst. Im Buddhismus werden vier Phasen des *dhyana* beschrieben, in denen die Wirkung von der Außenseite zur Innenseite ihren Weg nimmt, von der fünften zur sechsten Linie. Das erste *dhyana* ist Meditation über den Atem, die Luft, Farben, ein heiliges Bild oder mit einem Mantra oder irgendeinem anderen der vielen Arten, mit denen das Denken zur Ruhe gebracht werden kann. Das »Innere« wird dadurch eingeladen. Wenn es stark genug wirkt, brauchen wir unsere Aufmerksamkeit nicht länger auf die Vorstellung oder das Mantra zu richten. Gedanken mögen im Bewusstsein bleiben und das Objekt der Meditation mag entschlüpfen, aber wir sind uns dessen bewusst, dass etwas anderes »übernommen« hat. Das ist das zweite *dhyana.* Das dritte *dhyana* ist der Zustand, in dem Gedanken und Vorstellungen ausgelöscht sind und etwas, dessen wir uns nicht bewusst werden können, von uns Besitz ergriffen hat. Das vierte *dhyana* kommt dann schließlich, wenn man sich vollständig dem inneren Meister ergeben hat und völliger Friede herrscht.

39. Der ehrwurdige Bhante, Samdach Vira Dharmawara Bellong Mahathera (1889–1999), war ein kambodschanischer Mönch, der Meditation und Farbheilkunst unter anderem in John G. Bennetts Akademie in Sherborne lehrte.

Samadhi geht darüber hinaus, und der Shivapuri Baba bestand darauf, das zu unterstreichen. Es ist die Vereinigung, in der wir Gott sehen. Sie kann nur durch die Gnade Gottes kommen.

Es gibt das Konzept der »Initiation« oder »Einweihung«. So gab es zum Beispiel eine Initiation in die Mysterien, die zu einem Teil der zoroastrischen und christlichen Liturgien wurde.[40] Gewöhnlich stellt man sich vor, dass die Initiierten der alten Mysterienschulen einem bestimmten Ritual oder einer bestimmten Prüfung unterworfen wurden. Wer tiefer in diese Dinge blicken kann, mag erkennen, dass echte Initiation *Selbstinitiation* sein muss: Sie kann durch keine äußere Wirkung kommen.

In unserer Terminologie: Es findet statt, wenn die Arbeit von der ersten und fünften Linie, wo etwas von außen genommen wird, sich zur sechsten Linie hinbewegt, wo die Aktion von innen kommt. Für den Initiierten egal welchen Pfades findet dieser Wechsel statt. Kampf mag dabei inbegriffen sein, in welchem Falle wir auch die zweite Linie der Arbeit einbeziehen sollten; Tatsache ist aber, dass eine außerordentliche Transition stattfindet von der Arbeit des Aufnehmens von außen zum Empfangen von innen, wobei man sich einer Wirkung aus der eigenen Tiefendimension unterwirft. Diese letztgenannte Aktion kann zum Zustand des Gottesdienstes führen.

Initiation kann es *auf jedem Weg* geben. Die Mysterienschulen, die Liturgien der Religionen, die psychokinetischen Traditionen und Techniken – sie alle hatten und haben ihre Initiierten. Das Kriterium ist immer das gleiche: Das Nehmen von außen geht über in die Ergebung unter eine innere Wirkung, was darin kulminieren kann, dass es zu Gottesdienst wird.

Gottesdienst ist jedoch mehr als die Unterwerfung des äußeren Selbsts unter die Aktion von Innen. Unterwerfung ist notwendig für die Reinigung, bei welcher das höhere Selbst aktiv sein muss.

40. Siehe John G. Bennett: *Die Meister der Weisheit.* Verlag Bruno Martin, 1993 / Chalice Verlag. Kapitel 3. Der Übergang von der Einweihung einiger weniger zum Gottesdienst der vielen hatte eine große historische Bedeutung. Der Mysterienkult wurde zur Liturgie umgewandelt – das heißt zu Worten, Gesten und gemeinschaftlicher Erfahrung –, durch den die Gläubigen in Kontakt mit dem höheren Wesen kommen konnten. Die Atmosphäre des Gottesdienstes ist notwendig als ein *dharana,* eine Einstimmung. In jüngsten Zeiten kam es zu einer Trennung der inneren Wirkung von der äußeren Form (der Hilfe von außen). Was heute benötigt wird, ist eine neue Art der Liturgie, bei der die Verbindung der Linien der Arbeit verstanden wird.

Sie führt nicht zu der Transmission, die den gegenwärtigen Augenblick spiritualisiert. Dieser gegenwärtige Augenblick gehört *nicht uns;* es ist der gegenwärtige Moment, durch den eine spirituelle Aktion Eingang in die Welt findet. Wir kommen hauptsächlich durch die Gemeinschaft dorthin, aber es ist mehr als das. Es liegt dem nahe, was wir »Manifestation« genannt haben, und es findet das Überschreiten der Trennung zwischen Innerem vom Äußerem, zwischen dem Aktiven und dem Rezeptiven statt, was die vierte Linie der Arbeit charakterisiert.

Es gibt etwas »Unmögliches« im Gottesdienst, das heißt etwas Übernatürliches. Wir sind von der Wirkung verblüfft. Es ist noch nicht einmal notwendig, dass die teilnehmenden Menschen, die Kanäle der Transmission, »reinen Herzens« sind. Wir stellen fest, dass der echte, kultische Akt beinahe »trotz unseres Dabeiseins« seine Wirkung hat.

Im Kultus liegt ein großes Mysterium: Auch die, die nicht rein sind, werden dazu *befähigt,* aus höheren Welten zu empfangen. Was ist das Geheimnis dieser Befähigung zur Gnade? Es kann sich nicht um eine Kraft oder eine Technik handeln, denn diese gehören der niederen Welt an und sind nur psychologisch. Hilfe kommt durch eine heilige Vorstellung, ein *heiliges Bild.* Im Christentum ist Jesus diese geheiligte Vorstellung, im Islam ist es der Koran, das Buch. Der Anbetende steht zwischen der Bewusstheit seiner Sündhaftigkeit oder Unreinheit und einer Bewusstheit der höheren Quelle, die durch die geheiligte Vorstellung für ihn geöffnet ist. Die Befähigung wirkt durch sein Aufgehen in der Gemeinde. Die heilige Vorstellung ist zur Realität einer Gemeinschaft geworden und zum Träger höherer Energien, die durch die innere Arbeit und das Leiden von Generationen konzentriert wurden.

Aber, da ist noch etwas mehr, etwas Unsichtbares: die verborgene Anwesenheit höherer Wesen, wie der Engel und Heiligen, von denen in den christlichen und islamischen Liturgien die Rede ist. Das Zusammenwachsen der Gemeinde, des heiligen Bildes, der himmlischen Heerscharen und der Gemeinschaft der Heiligen ist das Herz des Mysteriums, und es kommt dann, wenn es ihm *erlaubt* wird.

Wir sprachen über die Arbeit, über Gott, den Gottesdienst und die Linien der Arbeit. All das ist aufs Innigste miteinander verbunden. Die Arbeit führt zu einem neuen Verständnis Gottes und der spirituellen Wirklichkeit.

Die Wirklichkeit Gottes

ICH HABE ES SCHON SO OFT GESAGT UND ICH MUSS ES NOCH einmal wiederholen: Wir stecken in Schwierigkeiten, wenn wir Gott als Person sehen, die etwas besitzen kann und Beziehungen zu anderen Personen hat. Aber der Sinn dieses Vortrags sollte sein, uns Gelegenheit zu geben, über Gott zu sprechen. Ich wollte sehen, ob aus allem, was Sie alle zu sagen haben, sich eine gemeinsame Grundlage ergeben kann, und im Ganzen gesehen, war es so.

An einer Stelle sagte jemand: »Die Arbeit ist Gott.« In einer anderen Gruppe wurde das auch gesagt, aber nicht in dem pantheistischen Sinn, dass Gott alles ist, was existiert. Wir müssen davon loskommen, die Idee Gottes auf eine Person zu begrenzen, aber nicht so weit gehen, alles zu verwerfen, indem wir sagen, Gott sei alles.

Und noch etwas möchte ich dazu sagen: Es gibt nicht Gott und die Arbeit, wie es einen Gärtner und einen Garten gibt. Das Wichtigste ist das, was wir »Tun« genannt haben. Ich hoffte, und es ist sicher auch so, dass Sie in Bezug auf das Tun etwas aus eigener Erfahrung verstanden haben: Tun ist ein Schnittpunkt, das Zusammenkommen des Tuenden und der Tat, des Handelnden und der Handlung, und zwar bis zu dem Punkt, an dem der Unterschied völlig verschwindet. In unserer gewöhnlichen Erfahrung gibt es eine Unterscheidung zwischen »ich« und dem, was ich tue. Dieser Unterschied *muss* aufkommen, um absichtsvoll handeln zu können und von der Mechanisiertheit wegzukommen. Dann nähern sie sich einander wieder an und treffen an dem Punkt zusammen, den einige von Ihnen erfahren haben, wo Sie tatsächlich verschwinden. Dieses Verschwinden seiner selbst, das die Nähe der vollkommenen Handlung anzeigt, ist das wahre Geheimnis des Verstehens. Aber die Vorstellung, unser Ich müsse irgendwie entfernt werden und wir müssten als vom Selbst befreite, innerlich vollständig leere Wesen in der Luft hängen, ist damit nicht gemeint. Es ist das, was geschieht, wenn wir uns einer vollendeten Handlung annähern und spüren, dass es in diesem Augenblick kein »ich« und kein »ich tue es« gibt.

Dies ist der wahre Schlüssel zur Gotteserkenntnis und zum Verständnis der außergewöhnlichen letzten Aufforderung, die Jesus seinen Jüngern gibt, nachdem er ihnen im ersten Teil der Bergpredigt den Pfad zur Vollkommenheit gezeigt hat: »Seid vollkommen, wie euer Vater im Himmel vollkommen ist.« Wenn Sie sich der Vollkommenheit im Handeln nähern, werden Sie sich Gott nähern; und wenn Sie das vollkommene Handeln erreichen, werden Sie deshalb Gott sein. Das eine ist nicht vom anderen zu trennen. Darum gefiel mir das, was über das Bild vom Bergsteigen gesagt wurde: Es genügt nicht, dem Bergsteiger zu vertrauen, weil wir in Wirklichkeit dem vertrauen, *was getan wird.* Der Harmonie, der Richtigkeit in der Beziehung zwischen Bergsteiger und Berg, vertrauen wir, und diese Richtigkeit ist Gott.

Wir bewegen uns in eine gewisse Richtung, wenn wir Gott »das vollkommen Richtige« nennen. Wir können sagen, das Richtige ist etwas Abstraktes. Aber da ist auch dieser Sinn des Vertrauens, und nicht nur des Vertrauens, sondern auch ein Gefühl dafür, dass man behütet wird. Für mich steht es im Mittelpunkt unseres ganzen Verständnisses von der Arbeit. Wenn es nicht dieses Gefühl – ja diese Gewissheit – gäbe, dass etwas aus der Arbeit in uns überströmt, wäre alles, was ich sagte sinnlos, weil dann die Arbeit nur Aktion wäre, und es diese andere Seite nicht gäbe.

Aber wie ich schon oft gesagt habe: Wegen der besonderen Umstände unserer Existenz in diesem materiellen Körper – doch mit dem Wissen, dass wir nicht dieser Körper sind – und dadurch, dass unsere Sinne mit einer Welt von materiellen Dingen Umgang haben, können wir nicht anders, als die Personen und Dinge zu unterscheiden und den Täter und die Tat zu trennen. Etwas von dem, was ich mir für Sie alle am meisten gewünscht habe, ist, dass Sie während der Zeit hier einen wirklichen Geschmack von der Aufhebung der Trennung bekommen. Denn wenn Sie diesen Geschmack einmal haben und wissen, wie das ist, dann kennen Sie Gott. Sie *wissen* nichts über Gott, Sie *glauben* nicht an etwas, Sie *kennen* Gott.

Gott ist nicht selbst die Richtigkeit, aber man erkennt Gott in Seiner Richtigkeit. Ich sage »Er« – Sie verstehen das –, weil unsere Sprache so gemacht ist, da sie uns zwingt, »Er« oder »Es« zu sagen. Wir in der westlichen Welt – in der jüdischen, christlichen und islamischen Tradition – halten uns mehr an die Vorstellung einer Person. Im Fernen Osten ist es das Gegenteil, dort hält man sich ans Unpersönliche, spricht vom Tao oder Dharma. Aber die Wörter »Tao« oder »Gott« beziehen sich auf die gleiche Wirklichkeit, nicht auf zwei verschiedene Realitäten. Es ist einfach die Frage, mit welchem Auge man schaut – dem persönlichen oder dem unpersönlichen –, ob man Gott als Person wahrnimmt oder als Das, Was informiert und transformiert.

Ob wir von Gott als einer Person oder als drei Personen sprechen, ob wir Gott als die Schöpfermacht, das Tao, die Richtigkeit der Welt, das Dharma des Universums bezeichnen, in jedem Fall gebrauchen wir eine Sprache, die durch unsere eigenen Grenzen eingeschränkt ist. Kein Ausdruck sagt genug. Aber ich glaube, dass uns die Erfahrung gegeben wurde zu schmecken, wie es ist, wenn diese Begrenzungen verschwinden und man einfach die Aktion wahrnimmt. Da ist natürlich der Akteur der Aktion und auch die Richtigkeit der Aktion, aber sie sind nicht getrennt voneinander. Der Handelnde als ein getrenntes Ich verschwindet.

Ich sage Ihnen: Nur wenn Sie anfangen, es in dieser Weise zu sehen, können Sie erkennen, dass alles, was in den verschiedenen Religionen gelehrt wird, tatsächlich ein und dasselbe ist; und wir müssen auf irgendeine Weise einen Weg zu denken und zu sprechen finden, der nicht in Trennung und Gegnerschaft führt. Ich glaube daran, dass in der Zukunft die Menschen imstande sein werden, über all die Verschiedenheiten hinwegzusehen. Wenn man *einen* Weg, über Gott zu sprechen, wählt und ihn zum Mittelpunkt seines Denkens macht, schließt das unvermeidlich alle anderen aus. Die einzige Sache, von der ich meine, dass sie nicht so exklusiv ist, ist die Arbeit, vorausgesetzt, man kennt sie durch seinen eigenen Geschmack. Uns Menschen ist dies möglich, und das bedeutet, Gott »schmecken« zu können. Ein Grund dafür, dass ich sehr großen Wert auf die Bewegungen und auf die praktischen Arbeiten im Unterschied zu den theoretischen Ideen und sogar den Übungen und Meditationen lege, ist der, dass in ihnen die Möglichkeit für uns liegt, Vollkommenheit zu erreichen. Dieses Streben nach Vollkommenheit ist der Duft Gottes. Wenn Sie sich selbst in den Bewegungen erleben und Sie vor sich sehen, was Sie erreichen wollen, und es nicht gelingen will, dann haben Sie schon einen enormen Schritt getan. Und dadurch können Sie zu dem Augenblick kommen, in dem sich alles zusammenfügt. Dieser Augenblick ist für uns ungeheuer wichtig und wertvoll. Er enthüllt mehr als alles andere, weil er Gott enthüllt. Es ist nicht immer möglich, das Bild der Vollkommenheit vor sich zu sehen; darum sind alle Gelegenheiten, die das erlauben, von besonderem Wert.

Man kann sagen, sie haben einen sakramentalen Wert. Mit »sakramental« meine ich, dass sie ein direktes Mittel sind, Gott zu berühren.

Wenn ich die Bewegungen Menschen vorstelle, die hierherkommen, um sie sich anzuschauen, sage ich jeweils, sie haben drei Phasen oder einen dreifachen Zweck: einen ersten für unsere eigene Entwicklung, unsere eigene Arbeit an uns selbst, einen zweiten, um sie mit Menschen zu teilen und weiterzugeben, und einen dritten für Gott, zu Seiner Verehrung. Das ist alles, was ich dazu sagen kann, denn wenn ich sagen würde, das Dritte *ist* Gott, würden Sie mich nicht verstehen. Es ist eine ganz außergewöhnliche Sache für uns Menschen, dass wir diese Möglichkeit haben, der Vollkommenheit nahezukommen. Dies mehr als alles zu wünschen, ist, Gott mehr als alles andere zu wünschen. Wir leben in einer unvollkommenen Welt, und jemand von Ihnen sagte, dass die Arbeit Vollkommenes aus Unvollkommenem schaffen soll. So sehe ich es auch. Gott ist nicht das Unvollkommene der Welt, Gott ist die latente Vollkommenheit. In dem Sinne stimme ich den Menschen zu, die sagen, die Arbeit ist immer und überall da, aber sie ist als Möglichkeit da – *in posse,* nicht *in esse,* nicht als etwas Tatsächliches.

Wenn man von Gott als »allmächtig« spricht, sollte man das so verstehen, dass alles möglich ist, und nicht, dass alles gegenwärtig ist, und auch nicht, dass Gott eine mächtige Kraft sei, die Unvollkommenes mit Gewalt umwandeln kann. Wenn wir anfangen wollten, das zu glauben, müssten wir auch sagen, Er sei ungerecht. Gott bedeutet die Möglichkeit zur Vollkommenheit, die in allem liegt. Dies ist die Bedeutung von *Tao* wie in der Geschichte von Prinz Wen Hui und dem Koch.[41] Der Prinz sagt: »Wie machst du das?«, und der Koch antwortet: »Was dein Diener liebt, das ist Tao. So gelingt es«, und er gibt eine wundervolle Beschreibung einer vollkommenen Handlung.

Für mich ist es so, dass Gott nicht eine Person ist, sondern mehr, nicht eine Handlung, sondern mehr, auch nicht ein Ideal, sondern mehr als das, weil es um eine Ganzheit und Einzigartigkeit geht, die unser Verstand nicht fassen kann. Wir denken immer,

41. Dieser Koch geht beim Zerteilen von Ochsen derart geschickt und in vollkommenem Rhythmus zu Werke, dass er sein Messer, im Gegensatz zu seinen mit großem Kraftaufwand arbeitenden Kollegen, in neunzehn Jahren kein einziges Mal nachschleifen musste.

dass Gott etwas tut. Wir begannen, indem wir sagten, Gott sei der *Ṣaḥib,* der Herr und der Eigner des Gartens. Das ist wahr, aber Er ist auch die Schönheit des Gartens. Er ist seine Anziehungskraft. Es ist nicht die Schönheit Gottes, sondern die ganze Vollkommenheit, die uns anzieht. Dass Gott Sich sorgt, dass Er schön ist, ist von Gott untrennbar; von uns jedoch nicht. Die Schönheit einer Person oder ihre Güte und so weiter lassen sich in Gedanken von ihr trennen, manchmal unglücklicherweise auch in der Tat. Aber es ist sinnlos, so von Gott zu reden, weil wir damit Gott auf unsere Stufe herabziehen. Dies ist unsere Schwierigkeit.

In uns hat sich eine bestimmte Wahrnehmung von der Arbeit entwickelt. Wir haben etwas, worüber wir keinen Zweifel haben und das wir »die Arbeit« nennen. Niemand von uns hat »eine Arbeit« gesagt und keiner, und darüber bin ich froh, »unsere Arbeit«. Als einmal jemand über »Gurdjieffs Arbeit« zu sprechen begann, protestierte einer unserer Freunde: »Nein, so etwas wie ›Gurdjieffs Arbeit‹ gibt es nicht. Es gibt nur ›die Arbeit‹.« Das fand ich sehr richtig, denn gewiss gibt es jemandes Arbeit genauso wenig wie jemandes Gott. Es gibt die Arbeit und die Wirklichkeit der Arbeit, die für uns immer stärker wird; und dann ist Gott nicht länger eine Idee, etwas, an das wir glauben sollen, sondern Er ist unsere eigene Wirklichkeit, weil wir einen Geschmack davon haben und wissen, wie es ist, Gott zu sein, wenn wir den Augenblick des vollkommenen Handelns erreichen. Natürlich verderben wir es, und das wissen wir auch; wir verderben es aus dem einfachen Grund, dass wir nicht unseren Egoismus über eine längere Zeit heraushalten können. Er kommt wieder herein und Gott geht hinaus. Oder besser sagt man: Er verbirgt sich wieder... Das Tao hat sich davongemacht...

Der Menschheit ist etwas enthüllt worden, aber die Wichtigkeit dieser Offenbarung wird nicht gesehen. Uns wurde enthüllt, dass dieses Universum so ungeheuer groß ist, dass wir nicht den Standpunkt einnehmen können, wir hätten eine Bedeutung für das Ganze. Dies sollte ein grundlegendes Demutsgefühl in uns hervorrufen im Wissen darum, dass wir sehr klein sind, nicht nur wir, sondern diese Erde und unser ganzes Sonnensystem. Sogar in unserer eigenen Galaxie, die nur eine von Hunderten von Millionen ist,[42] gibt es Hunderte Milliarden Sterne wie unsere Sonne oder

42. Nach heutigem Forschungsstand schätzt man die Gesamtzahl aller Galaxien auf bis zu eine Billion.

viel größer als unsere Sonne – in der Tat so viele, wie Zellen in unserem Körper. Wenn wir uns klarmachen, dass dieses Sonnensystem im Verhältnis zu dieser einen Galaxie nicht größer als eine Zelle im Vergleich zu unserem Körper und durch enorme Distanzen von der nächsten Galaxie getrennt ist, dann muss man den Gedanken vollständig aufgeben, dass wir das Universum verstehen können. Wir müssen uns auf das zurückbesinnen, was für uns eine Heimat ist, und das ist ganz gewiss unser Sonnensystem und unmittelbar dieser Planet. Aber mit diesem Sonnensystem sind wir ganz stark verbunden. Wie jemand richtig sagte, fühlen wir uns mit der Sonne genauso eng verbunden wie mit der Arbeit. Wir kennen die Beziehung des Lebens mit dem Mond und mit den Planeten – auch im gewöhnlichen Sinne.[43] Sie alle haben für uns eine Bedeutung. Was außerhalb unseres Sonnensystems ist, hat eine Bedeutung für uns dadurch, dass es allgemeine, unveränderliche Bedingungen schafft: die Gravitationskonstante und einiges, was mit dem Gleichgewicht des Ganzen zusammenhängt. Sie sind jedoch völlig unpersönlich. In diese Richtung können wir nichts tun. Selbst wenn sich unser ganzes Sonnensystem auflösen würde und sich augenblicklich in glühende Strahlung verwandelte, würde diese für uns unvorstellbare Katastrophe für diese Galaxie noch immer nichts bedeuten. Dies ist eine Offenbarung. Und es ist eine Offenbarung von großer Bedeutung und keinesfalls trivial. Sie geschah nicht zufällig, sondern ist Teil eines notwendigen Wandels, um im Menschen etwas Bestimmtes zu erzeugen – und zwar ein Gefühl der Demut. Stattdessen entstand eine neue Art der Arroganz.

Für mich ist wichtig, dass uns dies zeigt, dass wir uns innerhalb dieses Sonnensystems zu verstehen haben, wie es die Alten taten. Es ist lediglich eine abstrakte, künstliche Denkart anzunehmen, wir könnten uns Gott im Zusammenhang mit der ganzen Galaxie vorstellen oder dass dies irgendetwas für uns bedeuten könnte. Was uns hingegen *sehr viel* bedeuten kann, ist, dass dieses Sonnensystem im Grunde eine in sich abgeschlossene Einheit ist. Und ich persönlich vertraue darauf, dass die Arbeit, wie wir sie auffassen, mit der Entwicklung und dem Wohlbefinden dieses Sonnensystems zu tun hat und mit den besonders wichtigen Geschehnissen

43. Zur besonderen Bedeutung des Mondes und der Planeten in Gurdjieffs System siehe P. D. Ouspensky: *Auf der Suche nach dem Wunderbaren.* München: Otto Wilhelm Barth-Verlag, 1978. Kapitel 1 und 5.

auf diesem Planeten. Wir sollten dies mehr in unser Blickfeld rücken, um von einer abstrakten Idee von Gott loszukommen. Es *kann* nur abstrakt werden, wenn wir an einen Gott des ganzen Universums denken.

Wenn wir uns den Gott dieses Sonnensystems denken, ist es etwas, das wir fühlen können. Wir können schauen und die Sonne sehen, die so überwältigend und so seltsam ist – das eine und einzige Objekt, das wir nicht direkt mit unseren Augen anschauen können. Es besteht eine wichtige Verbindung zwischen der Sonne und Gott. Ich sage es so, und nicht: »Die Sonne *ist* Gott«, denn das würde Gott wieder zu etwas Fassbarem machen. Jedoch können wir die Sonne nicht einfach als einen Klumpen Materie betrachten, sie ist viel mehr, etwas, das wir nicht begreifen können.

Wir sollten das Gefühl haben, dass hier etwas Wunderbares geschieht. Es gibt hier etwas, das erschaffen wird. Und wir haben eine Rolle darin. Einige Menschen versuchen, ein neues Bild von Gott zu bekommen, indem sie sich Gott als die Selbsterschaffung der Welt vorstellen. Dieser Gott ist einfach die Welt selbst, die ins Sein tritt. Das kommt dem Pantheismus zu nahe, zu nahe an die Vorstellung, *alles* sei Gott. Nicht alles ist Gott. Nicht *als Fakt*, als Möglichkeit schon.

Ich wollte mehr darüber sagen, aber es ist spät und ich werde keine Möglichkeit dazu haben. Ich konnte es aber auch nicht früher sagen; ich musste warten, bis eine genügende Anzahl von Ihnen das Erlebnis des »Tuns« gehabt hat und begreifen konnte, was gemeint ist mit »Gott ist Tun«, »Gott ist vollkommenes Tun« und »die Arbeit ist Vollkommenheit im Tun«. Dies schließt alles ein, den Tuenden, die Tat, die Vollkommenheit, die Schönheit – aber es bedeutet nicht, *alles* sei Gott. Es gibt diese Arbeit, an der wir teilhaben, und indem wir daran teilhaben, haben wir teil an Gott. Aber wenn der Augenblick der Vollkommenheit kommt, verschwindet der Teil und wir sind Gott. Es ist wörtlich so, wir sind nicht nur Gott gleich. Jener Augenblick ist der Augenblick Gottes. Wenn wir uns mehr von unserem Egoismus befreit haben, kann diese Vollkommenheit länger dauern. Wenn dieses Ego völlig hinausgeworfen werden kann, kann Gott wirklich ganz drinnen sein. Doch dieses Gerede über »drinnen« und »draußen« hat zu viel Trennung in sich. Man sollte besser sagen: Wenn kein Selbst da ist, ist nur Gott da.

ANHANG I

Die Praxis der Arbeit[44]

Anthony G.E. Blake

WIR KÖNNEN NUR DURCH DIE PRAXIS MIT DER ARBEIT IN Kontakt kommen. Unser Wissen mag sehr indirekt und unsere Praxis nicht ausreichend und unsicher sein. Vielleicht müssen wir uns auf Überzeugungen und subtile Beurteilungen verlassen und das Zeugnis anderer annehmen. Die Basis unseres Weges muss durch den Inhalt unserer Erfahrung geschaffen werden, durch das, was wir getan und versucht haben. In seiner International Academy for Continuous Education im Sherborne House hatte John G. Bennett sehr viele Methoden und Übungen angewendet und entwickelt, die einen Rahmen für seine harmonische Arbeit bildeten. Die Übungen und Techniken können als Ausgangspunkt dienen, solange wir uns daran erinnern, dass sie ohne die Spontaneität und lebendige Kraft der Arbeit selbst – die über die Begrenztheit der menschlichen Anstrengung, Intelligenz und Gutwilligkeit hinausgeht – nur leere Hüllen sind.

Äußere allgemeine Tätigkeiten

- Hauspflichten wie Kochen, Sauberhalten und Arbeiten für die Gemeinschaft
- Rollen übernehmen wie die Aufsicht über die täglich wechselnden Gruppen und die Organisation allgemeiner praktischer Arbeiten
- Praktische Arbeit unter gewissen »erschwerten« Bedingungen, die psychische und körperliche Anstrengungen fordern
- Aneignung von handwerklichen Fähigkeiten

44. Hierbei handelt es sich um die ursprüngliche, in der englischen Erstausgabe von 1975 enthaltene Fassung des zweiten Kapitels »Der Inhalt der Arbeit«.

- Wissen und Erfahrungen teilen
- Teilnahme an Studiengruppen und Lesungen über psychologische, kosmologische, mystische und historische Themen
- Theorie und Praxis der Selbsterkenntnis und Selbstbeobachtung
- Einübung rhythmischer Bewegungen und Tanzformen (»heilige Gymnastik«) nach Gurdjieff
- Aufführungen (Manifestation) vor einem Publikum wie Tanz, Theater, Musik und so weiter
- Beschaffung, Zubereitung und Darreichung von Nahrungsmitteln für Gruppen von Menschen
- Übungen in Selbstdisziplin beim Essen, Trinken und Reden
- Überwinden von Gewohnheiten
- Willensstärkende Aufgaben erfüllen durch nichtautomatische Anstrengungen
- Freie Wahl eigener Tätigkeiten
- Fasten, Schweigen
- Kontakt mit Menschen
- Lernen, ein Leben unter gewissen Beschränkungen der Bewegungsfreiheit zu führen (klösterliches Element)
- Meditationen verschiedener Art
- Kontemplation
- *Dhikr* aus verschiedenen Sufi-Traditionen
- Spontane gemeinsame Gebete und Gottesdienste
- Feierliche Gelegenheiten
- Innere Übungen, die mit Willen und Energien zu tun haben
- Sich für feinere Wahrnehmungen öffnen
- Studium verschiedener Formen und Modelle zur Schulung des Verstehens
- Aufmerksames Hören bestimmter Musik
- Gemeinsame Erholung bei Spiel, Freizeit, Festen
- Kontakte mit der Natur und den Jahreszeiten
- Stopp-Übung

Eine derartige Liste gibt uns zwar eine Vorstellung von der Vielfalt der Aktivitäten, bei denen die Arbeit geübt werden kann, sagt uns aber inhaltlich sehr wenig, wenn wir nicht selbst damit gearbeitet haben. Es ist sicherlich eine Binsenwahrheit, dass es immer Möglichkeiten zur Arbeit gibt und dass Arbeit in jede Aktivität einziehen kann. Die Arbeit ist primär, die Aktivitäten sind sekundär.

Doch die Kombination der Aktivitäten kann zeigen, wie die verschiedenen Linien der Arbeit harmonisch wirken können.

Innere Formen der Arbeit

Wenn wir uns von äußeren Aktivitäten den inneren Formen der Arbeit zuwenden, ergibt sich folgende (unvollständige) Liste:

- »Dschartklom« [innere Teilung; vgl. Fußnote 22, Seiten 63, 64]
- Kristallisation
- Überwindung des Eigenwillens
- Freiwillige Aufmerksamkeit
- Aktive Vernunft
- Empfinden
- Fühlen
- Entspannen
- Selbststudium
- Rücksichtnahme
- Opfer
- Absichtliches [oder bewusstes] Leiden [vgl. Seite 68]
- Pflichten
- Manifestation
- Bewusstes Stehlen
- Magnetisierung
- Gruppenbewusstsein
- Gebet
- Wunsch
- Gedankenformen bilden
- Visualisierung
- Gastfreundschaft
- Sich Wissen aneignen
- *rukū*ʿ [Verbeugungen; vgl. Fußnote 31, Seite 92]
- Desillusionierung
- Nichtidentifikation
- Tun
- Verstehen
- Disziplin
- Absicht
- Zuhören
- Dankbarkeit für Hilfe
- Loslassen
- Gewissen
- Gottesdienst, Ritual
- Gestik
- Läuterung
- Innerer Kampf
- Versuchung überwinden
- Hingabe
- Kommunikation mit höheren Mächten
- Stille
- Kontakte
- Kunst
- Entscheidung
- Humor
- Offenheit
- Inneres Fragen
- Freude
- Atemkontrolle
- Harmonisierung der Zentren [vgl. Fußnote 5, Seite 26]
- Den gegenwärtigen Augenblick empfinden und ausdehnen

- Selbstbeobachtung
- Selbstvergessen
- Praktische Arbeit
- Aktive Übereinstimmung
- Geben
- Änderung des Gemütszustandes
- Bemerken
- Verantwortung übernehmen
- Bewusstsein
- Mentale Bilder
- Bewusstes Essen
- Sorge tragen für das Leben
- Glaube
- Erkenntnis der eigenen Nichtigkeit
- Sich aufs Ganze einlassen
- Unangenehme Manifestationen anderer ertragen
- Organe höherer Wahrnehmung aktivieren
- Die Vision in die Zukunft ausdehnen
- Energietransformation
- Das Gemüt beruhigen
- Gemeinsames Empfinden
- Frei von der eigenen »Maske« werden
- Auf Bedürfnisse eingehen
- Verlagerung des Schwerpunkts von der Persönlichkeit hin zum Wesenskern
- Vertrauen lernen
- Sprache und Kommunikation
- Erlernen und Üben von schwierigen Sprachen
- Teilung der Aufmerksamkeit
- Energien unterscheiden
- Das Richtige tun
- Arbeit mit Themen
- und so weiter

Jedes dieser Stichworte steht für eine ganze Erfahrungswelt und es wäre irreführend, jeweils eine einfache und gefällige Definition zu geben. Sie dienen nur dazu, einen Eindruck vom Umfang der Erfahrung zu vermitteln, über die in diesem Buch gesprochen wird. Und auch dies ist nicht befriedigend, da es uns nichts über die dazugehörigen Ziele und Erkenntnisse verrät. Wir mögen zum Beispiel »Empfindung« üben, doch wozu? Was ist das Ziel der Übung? Wir sprechen von »Dankbarkeit«, doch was ist es, was sie zu einem Teil der Arbeit macht? Welche Art von Dankbarkeit ist gemeint? Solche Fragen sind wichtig, denn sie sind praktisch und haben mit der Realität der Arbeit zu tun, nicht mit ihrer äußeren Erscheinung.

Der wirkliche Kern der Sache ist der *Geschmack* der Arbeit, das Erspüren und Erkennen des Unerwarteten, des Nichtmechanischen, des Bewussten, des Wirklichen. Wir können Zeugnis ablegen von der Gegenwart des Werks nicht nur in uns, sondern auch in anderen und in der Geschichte der Welt und in sehr großen

Ereigniszusammenhängen und -abläufen.[45] Wir müssen dies tun, denn es ist Teil der Arbeit; das Werk muss sich manifestieren, sogar in Worten. So können wir uns dem Inhalt der Arbeit von mehreren Seiten her nähern: vom Lernstoff einer vorbereitenden Schule des Vierten Weges, von unserer individuellen Erfahrung der Arbeit in uns oder von der Erkenntnis dessen, was die Quelle des Sinns im menschlichen Leben ist und der Ursprung der Evolution und des Fortschritts in der Geschichte. Eine gewisse Kombination dieser Gesichtspunkte ist nützlich, um uns davor zu bewahren, einer Lehre gegenüber voreingenommen zu werden, und kann uns helfen, unseren Verständnishorizont zu erweitern.

45. Siehe John G. Bennett: *Die Meister der Weisheit.* Verlag Bruno Martin, 1993 / Chalice Verlag.

ANHANG II

Eine kurze Biografie John G. Bennetts

ANTHONY G.E. BLAKE

JOHN GODOLPHIN BENNETT WURDE 1897 IN LONDON GEboren. Sein Vater war Engländer und seine Mutter eine Amerikanerin aus einer der bedeutenden Familien aus Pennsylvania. In seiner Autobiografie[46] werden die frühen Jahre nur kurz gestreift, dann erleben wir Bennett als jungen Offizier im Ersten Weltkrieg. Während dieser Zeit war er fasziniert von den neuen vierdimensionalen Geometrien des Westens und wurde gleichzeitig von den Kulturen des Nahen Ostens und Asiens angezogen. Nachdem er verwundet worden war – ein Ereignis, das ihm erste praktische Erfahrungen eines nichtkörperlichen Zustandes gab –, fand er über seine Arbeit für den britischen Militärgeheimdienst den Weg in die Türkei.

Dort lernte er – neben anderen bemerkenswerten Menschen, die großen Einfluss auf ihn haben sollten – G.I. Gurdjieff kennen. Dieser war erst kurz zuvor aus den Wirren der Russischen Revolution entkommen und schien ein praktisches Wissen über verborgene Dimensionen zu haben, die Bennett nicht für möglich gehalten hatte.

Nach seiner Rückkehr nach England wandte sich Bennett beruflich der wissenschaftlichen und technologischen Forschung zu. Sein inneres Leben jedoch zog ihn zu den Möglichkeiten hin, die Gurdjieff anzubieten hatte, und so reiste er 1923 zu ihm nach Fontainebleau in Frankreich, wo Gurdjieff sein Institut eröffnet hatte. Das Château du Prieuré war ein Ort ungewöhnlicher Experimente, und Bennett ging dort durch sehr viele tiefe Erfahrungen. Doch seltsamerweise fühlte er sich nach einiger Zeit zur

46. JOHN G. BENNETT: *Das Durchqueren des großen Wassers. Die Geschichte einer Suche – Autobiografie.* Xanten: Chalice Verlag, 2011.

Rückkehr nach England veranlasst, um seine äußeren Pflichten wieder aufzunehmen. In England schloss er sich der Arbeit von P.D. Ouspensky an, der lange Zeit selbst ein wichtiger Schüler Gurdjieffs gewesen war. Ouspensky verlangte völlige Abwendung von Gurdjieff – und Bennett gehorchte. So sollte er diesen fünfundzwanzig Jahre lang nicht mehr sehen.

Bennetts Arbeit mit Ouspensky brachte zwar Schwierigkeiten mit sich, doch wurden hier einige Fundamente des Ideenrahmens gelegt, den Bennett später in seinem umfangreichen Hauptwerk *The Dramatic Universe* verarbeiten sollte.

Sein berufliches Leben zog ihn in die Brennstofftechnologie. Schließlich wurde er Direktor der Britischen Forschungsgemeinschaft für Kohleverwertung und baute während des Zweiten Weltkrieges Laboratorien auf dem Anwesen von Coombe Springs in Kingston, Surrey, auf. Viele Jahre davor hatte er ein Angebot zu einer politischen Karriere ausgeschlagen, die er für unvereinbar mit seiner inneren Suche hielt. Bereits in den 1930er Jahren hatte er eine Anzahl von Menschen angezogen, die jemanden brauchten, der ihnen die Ideen von Gurdjieffs »System« erklärte, so wie es Ouspensky vermittelte.

Am Ende des Krieges hatte sich um Bennett eine Gruppe von ernsthaften Menschen geschart, die geistige Führung suchten. Er kaufte Coombe Springs und gründete dort das Institute for Comparative Studies of History, Philosophy and the Sciences, eine Gesellschaft, die sich der Untersuchung der Idee der Psychokinetik widmete: Was kann das *Sein* des Menschen zur Veränderung bewegen?

Während Coombe Springs sich entwickelte, stand Bennett unter stetig wachsenden Anforderungen und hatte selbst ein großes Bedürfnis nach geistiger Führung. Schon seit einiger Zeit war er von Ouspensky gemieden worden. Als er 1948 Madame Ouspensky wieder traf, riet diese ihm, nach Paris zu fahren und Gurdjieff zu besuchen, den Bennett fälschlicherweise für tot gehalten hatte.

So kam eine Zeit der Wiedervereinigung von vielen Menschen, die sich in der Rue des Colonels Renard Nr. 6 versammelten, wo Gurdjieff Lesungen aus seinen damals noch unveröffentlichten Werken veranstaltete und auch seine berühmten Essenseinladungen hielt.[47]

47. John G. Bennett & Elizabeth Bennett: *Monsieur Gurdjieff und seine Idioten – Paris 1949*. Xanten: Chalice Verlag, 2016.

Bennett nahm die »drei Serien« von Gurdjieffs Schriften – *Beelzebubs Erzählungen für seinen Enkel, Begegnungen mit bemerkenswerten Menschen* und *Das Leben ist nur dann wirklich, wenn »Ich bin«* – begierig in sich auf und widmete sich ganz Gurdjieffs Arbeit. 1948 starb Ouspensky, im Jahr darauf Gurdjieff, der die Zukunft ungeklärt ließ. Angeblich sagte er zu seinen Anhängern: »Ich lasse euch alle in Galoschen zurück.«

Einige Zeit nach dem Tod Gurdjieffs arbeiteten die verschiedenen Leiter und Gruppen noch zusammen. Dann begann die Trennung. Madame de Salzmann, Gurdjieffs engste Schülerin, kam nicht mehr nach Coombe Springs. Bennett stürzte sich dort auf die Konstruktion eines heiligen Gebäudes, des Djamichunatra, ein neuneckiger Hörsaal, der auf dem Enneagramm-Symbol basierte. 1950 konzentrierte Bennett seine Energien zusätzlich auf das Schreiben und die Publikation von *The Dramatic Universe,* dessen erster Band er in Zusammenarbeit mit M.W. Thring und R.L. Brown, zwei Wissenschaftlern aus Cambridge, verfasste. Er beschäftigt sich mit den Möglichkeiten einer fünf- und später einer sechsdimensionalen Geometrie.

Als er 1956, kurz bevor das große Gebäude fertig war, von Pak Subuh, dem außerordentlichen Lehrer aus Indonesien, hörte, dauerte es nicht lange, bis Bennett davon überzeugt war, dieser kenne »das fehlende Element« des Werkes. Bennett hatte schon lange geglaubt, es gebe eine integrale Offenbarung, und gehofft, damit in Kontakt zu kommen. In den frühen Fünfzigerjahren war er deshalb in mehrere islamische Länder gereist, wo er zwar in seiner Überzeugung von der Realität einer psychokinetischen Tradition bestärkt wurde, wo jedoch keiner der Scheichs seine Fragen über die Zukunft der Menschheit beantworten konnte.

Bennett trug dazu bei, dass sich Pak Subuhs Methode des Subud in aller Welt verbreitete und auch heute noch praktiziert wird. Mit der Zeit sah er jedoch große Fehler, die in der Verwaltung und Organisation der Bewegung gemacht wurden, und zog sich nach vier Jahren zugunsten seines Familienlebens ganz daraus zurück. Er hatte wohl auch gemerkt, dass Subud nicht seiner Suche nach der totalen Erfahrung entsprach. Nach dieser Zeit wurde er Katholik und setzte seine Forschungen und schriftstellerischen Arbeiten fort. Coombe Springs wurde der Subud-Bewegung übergeben.

Als ich ihn 1960 kennenlernte, gab es viele um ihn herum, die eifrig danach suchten, eine ausgeglichenere Art der Arbeit zu finden, als es mit Subud oder Gurdjieffs »System« allein möglich war. Bennett ging auf die Wünsche dieser Menschen ein und begann, neue Gruppen zu bilden und den Rahmen für ihre innere Arbeit sukzessive zu erweitern. Er versammelte eine Gruppe von jungen Wissenschaftlern und Lehrern um sich, welche ihm dabei halfen, *Systematics,* eine Theorie von Multi-Term-Systemen, zu entwickeln. Während seiner Arbeit an den weiteren drei Bänden von *The Dramatic Universe* fand er Interesse an Erziehungsmethoden und dem Einsatz von Computern in Lernprogrammen. Ein völlig neues System einer »reflexiven Sprache« mit dem Namen *Structural Communications* wurde entwickelt, das schließlich in Wirtschaftsunternehmen eingesetzt wurde.

Während all dieser Jahre reifte Bennetts Suche nach einer zusammenhängenden Vision der Arbeit immer weiter. Anfang der 1960er Jahre besuchte er zweimal den nepalesischen Heiligen Shivapuri Baba, der ihn bat, seine Lehre im Westen zu verbreiten, was Bennett mit Vorträgen und seinem Buch *Eine lange Pilgerreise* tat.

Dann kam er in Kontakt mit Idries Shah, was für uns die Aussicht auf die wirkliche Existenz von »Kraftzentren« im Osten brachte, die »Relais-Stationen« im Westen benötigten. Wir begannen, sein Lehrmaterial zu studieren, das sehr viel von Gurdjieffs Methoden illustrierte und half, das Östliche mit dem Westlichen zu verbinden.

Keine dieser Ausflüge vom überlieferten Kanon der Lehre des »Systems« war leicht, und Bennett zog sich Missbilligung von allen möglichen Seiten zu. Verständlicherweise half ihm all dies dabei, seine innere Freiheit zu finden: eine Entwicklung, die Früchte trug, als er 1967 als Folge einer Harnsäurevergiftung dem Tod ins Auge sah. Etwas ganz Tiefes geschah damals mit ihm, und er veränderte sich merklich.

Bald danach entledigte er sich aller externen Verpflichtungen – besonders seines Geschäftsabenteuers mit *Structural Communications* –, die ihn so viel von seiner Energie gekostet hatten. 1970 kündigte er an, die Voraussetzungen für einen ausgedehnten Intensivkurs zu schaffen, der die nützlichen Techniken der Transformation mit hoher Geschwindigkeit, aber auf eine harmonische Weise vermitteln sollte. Früher war er sich nicht sicher gewesen, ob er fähig wäre, solche Arbeitsbedingungen herzustellen. Doch im Laufe der Zeit hatten ihm viele positive Einflüsse geholfen, diesem Ziel näherzukommen. Dazu zählten der türkische Sufi Hasan Shushud Konevi, von dem Bennett über die Existenz der Meister der Weisheit, der Khwajagan, erfuhr, sowie Idries Shah und andere.

Schließlich gründete er im Sherborne House in Gloucestershire die International Academy for Continuous Education. Innerhalb weniger Monate hatte Bennett einhundert Studenten für den ersten zehnmonatigen Grundkurs angeworben. Er hatte fünf solcher Kurse vorgesehen und sprach von der Entwicklung einer neuen Art von Gemeinschaft mit einem fundamental neuen Verständnis der Natur. In Sherborne vermittelte er eine enorme Menge an Informationen und Hilfestellung in der Praxis der inneren Arbeit, und dieses Wissen wurde schließlich auch in einigen Büchern, unter anderem dem vorliegenden, publiziert. Als er am 13. Dezember 1974 starb, ließ John G. Bennett auch uns gewissermaßen »in Galoschen« zurück.

Sein zentrales Vermächtnis ist das Ideal der Suche nach einer ganzheitlichen Vision und den verborgenen Quellen des Wissens, die Hoffnung und der Glaube an eine neue Offenbarung sowie ein herausragendes Beispiel eines Menschen, der fähig war – zu lernen.

Mit Elizabeth Bennett zwei Tage vor seinem Tod

Register

Z

Bibliografie von John G. Bennett

Deutsche Übersetzungen

Subud, Remagen 1958
Gurdjieff – Der Aufbau einer neuen Welt, Freiburg 1976
Ein neues Bild Gottes, Südergellersen 1980
Gurdjieff entschlüsselt, Frankfurt am Main 1981
Energien, Salzhausen 1982
Eine lange Pilgerreise, Südergellersen 1985

Im Chalice Verlag erschienen bzw. zu beziehen:

Die Meister der Weisheit, Südergellersen 1993
Der grüne Drache, Südergellersen 1993
Risko und Freiheit, Zürich 2004
Eine spirituelle Psychologie, Zürich 2007
Die inneren Welten des Menschen, Zürich 2009
Das Durchqueren des Großen Wassers – Die Geschichte einer Suche. Autobiografie, Xanten 2011
Sex und spirituelle Transformation, Xanten 2012
Transformation – Die Kunst, sich zu wandeln, Xanten 2013
Monsieur Gurdjieff und seine Idioten – Paris 1949, Xanten 2016
Die sieben Linien der spirituellen Arbeit, Xanten 2016

Eine Auswahl der nicht ins Deutsche übersetzten Werke

The Dramatic Universe, vier Bände, Charles Town 1987
The Way to be Free, New York 1980
Enneagram Studies, York Beach 1983
Elementary Systematics, Santa Fe 1993
Making a Soul, Santa Fe 1995
Creative Thinking, Santa Fe 1998
Journeys to Islamic Countries, Santa Fe 2000
Sunday Talks at Coombe Springs, Santa Fe 2004

Dies ist ein Buch über das Wagnis der Verwirklichung. Es sagt Ihnen nicht, wie Sie die enthaltenen Ideen in Ihr Leben integrieren sollen, sondern ermutigt Sie zu erkennen, dass erst die Möglichkeit des Versagens die Dinge *wirklich* macht. Ob Sie nun ein Spiel spielen oder versuchen, Ihre Lebens- oder Seinsqualität zu verbessern – das vorhandene Risiko ist das Opfer, das Sie bringen müssen, um »im Spiel zu bleiben«. Nur unter Bedingungen, die Hasard enthalten, können Sie intelligenter werden. Alle Dinge, die wir als wertvoll ansehen, wie Freundschaft, Schönheit und Liebe, sind ohne Hasard unmöglich. Das ist so, weil das Universum so geartet ist. Das ist keine bloße menschliche Abweichung, und es gibt keinen perfekten Zustand, der von diesem Zusammenspiel von Unsicherheit und Wille frei wäre. Und Gott trägt dabei das größte Risiko.

»Wenn der Mensch kein Bauer in der Hand eines übermächtigen und allgegenwärtigen Schachspielers ist, dann ist er vielleicht etwas Bedeutenderes: ein Wesen, auf dem wirkliche Verantwortung liegt – seine eigene Rolle in einer universalen Aufgabe zu übernehmen.«

ISBN 978-3-905272-70-3
169 Seiten

Dieses Buch handelt von dem Prozess, durch den ein Mensch die Grenzen seiner eigenen Natur überschreiten und ein ›neuer Mensch‹ werden kann. Es ist für jene geschrieben, die die Möglichkeiten der spirituellen Transformation erkunden wollen und die bereits die eine oder andere Methode ausprobiert haben, aber unbefriedigt geblieben sind. Bücher mit mehr oder weniger sinnvollen Vorschlägen, wie wir diese oder jene Seite unseres Charakters verbessern können, gibt es zuhauf, aber das ist bei Weitem nicht dasselbe wie Transformation, die sich auf den ganzen Menschen bezieht. Auf Basis seiner breiten Erfahrung aus der eigenen, lebenslangen Suche gibt der Autor praktische Ratschläge und hilfreiche Orientierung für eine fruchtbare »Arbeit an sich selbst«. Lebendig und verständlich geschrieben, beschränkt dieses Buch theorielastige Erörterungen auf das Notwendigste und vermittelt dafür viele konkrete Übungsvorschläge und anschauliche Beispiele, die sich in unserem Alltag umsetzen und überprüfen lassen.

»Es scheint geradezu das Ziel unserer Gesellschaft zu sein, die Menschen der Verantwortung für ihr Leben und Handeln zu entheben. Der Weg der Transformation muss das genaue Gegenteil sein. Wohin er uns sonst auch führen mag, er muss uns zu freien, verantwortlichen Individuen machen, die fähig sind, ihr Leben im Einklang mit dem größten objektiven Wohl zu gestalten.«

ISBN 978-3-905272-10-9
184 Seiten

»Die vornehmste Qualität des Menschen ist sein Wille, die unvergängliche Wirklichkeit jenseits der Wandlungen und Zufälle dieser sterblichen Welt zu entdecken. Diese Qualität meine ich mit dem Wort ›spirituell‹. Der Geist des Menschen ist sein Wille. Das ist die Lehre des Thomas von Aquin und der Schlüssel zum Verständnis unserer menschlichen Natur. Die Seele ist ein Kunstgebilde, das Ergebnis unserer Lebenserfahrung. Ob die Seele vergänglich oder unsterblich ist, ist offen und hängt davon ab, ob unser Wille, das heißt unser Geist, von ihr Besitz ergriffen hat. Wer den Willen im Menschen leugnet, leugnet den Geist; wer den Willen bejaht, bejaht auch den Geist – ob es ihm bewusst ist oder nicht.

Da der Wille durch die Tat lebt, muss eine spirituelle Psychologie eine praktische Psychologie sein. Mehr noch, sie muss eine Do-it-yourself-Psychologie sein, womit ich sagen will, dass wir unseren Willen finden und aus ihm leben müssen, und nicht erwarten dürfen, dass uns ein anderer diese Arbeit abnehmen könnte. An diesem Punkt unterscheidet sich eine spirituelle Psychologie vom größten Teil der klinischen Psychologie.

Das vorliegende Buch hat deswegen eine praktische Zielsetzung. Es will Menschen, die auf der Suche nach der unvergänglichen Wirklichkeit sind, helfen zu lernen, wie sie ›an sich selbst arbeiten‹ können.«

ISBN 978-3-905272-69-7
282 Seiten

Ein Buch über die Freiheit und darüber, wie wir diese erlangen können, indem wir in der bewussten Arbeit an uns selbst versuchen, unsere Konditionierungen zu sprengen. Ein Leitfaden für den eigenen Weg zu unserer Ganzheit in der Wirklichkeit jenseits der Welt von Täuschung und Reaktion. Nach Bennett ist »die Ganzheit des Menschen gleich der Einzigartigkeit seines Willens, der Einheitlichkeit seines Seins und der Harmonie seiner Funktionen.« Die Einheit von Wille, Sein und Funktion stellt eine Möglichkeit dar, die jeder Mensch erreichen kann, wenn er die grundlegenden Gesetze der Welterschaffung und -erhaltung, und damit die Rolle des Menschen in der Schöpfung, verstehen und praktisch anzuwenden lernt. Dieses einzigartige Buch über die inneren Welten des Menschen nach den Lehren G.I. Gurdjieffs und der Sufis ist eine Anleitung zu dieser praktischen Weisheit.

»Die Freiheit ist keine Eigenschaft des Menschen, er muss sie zuerst in sich entstehen lassen. Das ist das Ziel der Arbeit an sich selbst.«

ISBN 978-3-905272-68-0
308 Seiten

Diese Tagebücher aus dem Jahr 1949 zeichnen ein plastisches Bild der letzten Monate im Leben des rätselhaft-genialen spirituellen Lehrers Gurdjieff in Paris anhand der Beobachtungen und persönlichen Eindrücke zweier mit Entschlossenheit nach Selbsterkenntnis Suchender. Während John G. Bennett vorwiegend seine bohrenden Fragen und inneren Kämpfe bei der Umsetzung von Gurdjieffs Lehren schildert, beschreibt Elizabeth einfühlsam und humorvoll die Ereignisse und Personen in der illustren Gruppe von Schülern aus aller Welt, die sich an der Rue des Colonels Renard Nr. 6 um ihren Meister scharten. Für diejenigen, die wach genug waren, bot jeder Augenblick in seiner Gegenwart eine Möglichkeit zu lernen – zum Beispiel beim Ritual der Trinksprüche während der Mahlzeiten, mit dem Gurdjieff seine »Wissenschaft der Idiotie« zu veranschaulichen pflegte: eine schonungslose Bestandsaufnahme des »schlafenden Menschen« und der zahlreichen Unwägbarkeiten bei seinem Streben nach Selbstbefreiung.

Der zweite Teil dieses mit seltenem Fotomaterial reich illustrierten Doppelbandes bilden die Memoiren von Elizabeth Bennett. Darin beschreibt sie spannend und selbstkritisch ihre Jugend, den Beginn ihrer inneren Suche, ihr Zusammentreffen mit John G. und ihren gemeinsamen Lebensweg, den die beiden kompromisslos in den Dienst am »großen Werk« stellten und auf dem sie für Tausende spirituell Suchender zu wichtigen Wegweisern wurden.

ISBN 978-3-942914-14-7
348 Seiten

Die fesselnd geschriebene und reich illustrierte Lebensgeschichte des kompromisslosen Sinnsuchers, inspirierenden Denkers und kreativen Wissenschaftlers John G. Bennett zeichnet ein spannendes Historienbild der spirituellen Strömungen des zwanzigsten Jahrhunderts. Nach einem prägenden Nahtoderlebnis im Ersten Weltkrieg lernt »JGB« bereits als junger Leiter des britischen Geheimdienstes in Istanbul, am Brennpunkt zwischen Ost und West, den Sufismus kennen und seine späteren Lehrer P.D. und Madame Ouspensky sowie den rätselhaft genialen G.I. Gurdjieff. Auch während seiner weiteren beruflichen Karriere – als Rechtsvertreter der osmanischen Sultanserben, als Mathematiker an der einheitlichen Feldtheorie, als Forscher in der Kohleindustrie und als innovativer Bildungsreformer – sucht Bennett unerschrocken weiter und fragt intelligent und respektvoll, mit universaler Bildung und gesundem Menschenverstand nach der gemeinsamen innersten Wahrheit aller Religionen. Seine jahrzehntelange Lehrtätigkeit und seine bahnbrechenden Schriften beeinflussen Tausende sinnsuchender Menschen und machen östliche Meister wie Pak Subuh, Shivapuri Baba, Idries Shah und Hasan Shushud im Westen bekannt. Schließlich findet Bennett, am Ende seines hier mit beeindruckender Ehrlichkeit bilanzierten Lebens, den Weg zur absoluten Befreiung.

ISBN 978-3-942914-02-4
525 Seiten

Guter Geschmack will gelernt sein: *Le bon-goût s'apprend.* Das gilt insbesondere für das spirituelle Schmecken der Einheit des Seins. In dieser einzigartigen Anthologie beschreiben liebestrunkene Sufis, wahrheitshungrige Gnostiker, erkenntnisdurstige Geisterseher und verschmitzt-weise Skandalgurus, hingebungsvolle Brotbäcker, humorbegnadete Geschichtenerzähler, ägäisverzauberte Lebensreisende und extremfastende Meisterspione Möglichkeiten und Wege, das Feine vom Groben zu unterscheiden, das Obere mit dem Unteren zu verbinden und so die scheinbare Trennlinie zwischen dem Körperlichen und dem Spirituellen zu überwinden. Wenn wir die ›Küchenarbeit an uns selbst‹ in der richtigen, nämlich dienenden Haltung angehen, kultivieren wir in uns diesen guten, feinen Geschmack für die Nähe Gottes. Bewusstes Kochen und Gekochtwerden lässt uns die Heiligkeit in der Transformation von Äußerem und Innerem entdecken.

Neben Ausgesuchtem von Jalaluddin Rumi, Bahauddin Walad, Hafis, Khalil Gibran, Bülent Rauf, Reshad Feild, Muzaffer Ozak, G.I. Gurdjieff, P.D. Ouspensky, Idries Shah, Osho, Scotus Eriugena, Emanuel Swedenborg oder Henry Miller finden sich hier zum ersten Mal auf Deutsch vorliegende Trouvaillen von Annemarie Schimmel, Muhyiddin Ibn Arabi, John G. Bennett, Christopher Bamford und Paul Dukes.

ISBN 978-3-942914-20-8
324 Seiten

WEITERE TITEL IM CHALICE VERLAG

Sex ist eine der machtvollsten Kräfte in unserem Leben, und doch vermögen nur die wenigsten Menschen, ihn ganzheitlich zu betrachten. Weit über Fortpflanzung und Vergnügen hinaus kommt ihm besondere Bedeutung für die spirituelle Transformation des Menschen zu. Suchenden, denen sich zu diesem Thema schwierige Fragen stellen, bietet dieses Buch neue Denkanstöße und überraschende Blickwinkel auf eines der größten Wunder und tiefsten Rätsel der Schöpfung. In den hier zusammengestellten Auszügen aus seinen Vorträgen behandelt der Naturwissenschaftler, Philosoph und spirituelle Lehrer Bennett Themen wie den Ursprung der Sexualität, ihr Verhältnis zur Liebe, die Bedeutung des Geschlechtsakts, die komplementären Rollen von Mann, Frau und Kind, Ehe und Partnerschaft, Fortpflanzung, Elternschaft, Kreativität, »negativen Sex« sowie psychologische und gesellschaftliche Aspekte.

»Die innere Spaltung des Menschen ist die Trennung seiner geistigen und materiellen Hälften. Sie führt zur Unzufriedenheit und Suche, die seine Transformation erst ermöglichen. Die wirkliche Freude am Sex liegt weder in gedanklicher Stimulation noch in emotionaler Erregung, sondern in verbesserter Klarheit, Kraft und Stärke der Erfahrung auf allen Ebenen. Im Geschlechtsakt können wir wahrhaft wir selbst sein, und dies sollte uns in Sachen Sex sehr feinfühlig machen.«

ISBN 978-3-942914-06-2
120 Seiten